JN219028

47 都道府県ご当地文化百科

愛媛県

丸善出版 編

丸善出版

刊行によせて

　「47都道府県百科」シリーズは、2009年から刊行が開始された小百科シリーズである。さまざまな事象、名産、物産、地理の観点から、47都道府県それぞれの地域性をあぶりだし、比較しながら解説することを趣旨とし、2024年現在、既に40冊近くを数える。

　本シリーズは主に中学・高校の学校図書館や、各自治体の公共図書館、大学図書館を中心に、郷土資料として愛蔵いただいているようである。本シリーズがそもそもそのように、各地域間を比較できるレファレンスとして計画された、という点からは望ましいと思われるが、長年にわたり、それぞれの都道府県ごとにまとめたものもあれば、自分の住んでいる都道府県について、自宅の本棚におきやすいのに、という要望が編集部に多く寄せられたそうである。

　そこで、シリーズ開始から15年を数える2024年、その要望に応え、これまでに刊行した書籍の中から30タイトルを選び、47都道府県ごとに再構成し、手に取りやすい体裁で上梓しよう、というのが本シリーズの趣旨だそうである。

　各都道府県ごとにまとめられた本シリーズの目次は、まずそれぞれの都道府県の概要（知っておきたい基礎知識）を解説したうえで、次のように構成される（カギカッコ内は元となった既刊のタイトル）。

Ⅰ　歴史の文化編
　「遺跡」「国宝 / 重要文化財」「城郭」「戦国大名」「名門 / 名家」「博物館」「名字」
Ⅱ　食の文化編
　「米 / 雑穀」「こなもの」「くだもの」「魚食」「肉食」「地鶏」「汁

物」「伝統調味料」「発酵」「和菓子 / 郷土菓子」「乾物 / 干物」

Ⅲ　営みの文化編

「伝統行事」「寺社信仰」「伝統工芸」「民話」「妖怪伝承」「高校野球」「やきもの」

Ⅳ　風景の文化編

「地名由来」「商店街」「花風景」「公園 / 庭園」「温泉」

　土地の過去から始まって、その土地と人によって生み出される食文化に進み、その食を生み出す人の営みに焦点を当て、さらに人の営みの舞台となる風景へと向かっていく、という体系を目論んだ構成になっているようである。

　この目次構成は、一つの都道府県の特色理解と、郷土への関心につながる展開になっていることがうかがえる。また、手に取りやすくなった本書は、それぞれの都道府県に旅するにあたって、ガイドブックと共に手元にあって、気になった風景や寺社、歴史に食べ物といったその背景を探るのにも役立つことだろう。

＊　　　　　＊　　　　　＊

　さて、そもそも47都道府県、とは何なのだろうか。47都道府県の地域性の比較を行うという本シリーズを再構成し、47都道府県ごとに紹介する以上、この「刊行によせて」でそのことを少し触れておく必要があるだろう。

　日本の古くからの地域区分といえば、「五畿七道と六十余州」と呼ばれる、京都を中心に道沿いに区分された8つの地域と、66の「国」ならびに2島に分かつ区分が長年にわたり用いられてきた。律令制の時代に始まる地域区分は、平安時代の国司制度はもちろんのこと、武家政権時代の国ごとの守護制度などにおいて（一部の広すぎる国、例えば陸奥などの例外はあるとはいえ）長らく政治的な区分でもあった。江戸時代以降、政治的区分としては「三百諸侯」とも称される大名家の領地区分が実効的なものとなるが、それでもなお、令制国一国を領すると見なされた大名を「国持」と称するなど、この区分は日本列島の人々の念頭に残り続けた。

　それが大きく変化するのは、明治維新からである。まず地方区分

は旧来のものにさらに「北海道」が加わり、平安時代以来の陸奥・出羽の広大な範囲が複数の「国」に分割される。政治上では、まずは京・大阪・東京の大都市である「府」、中央政府の管理下にある「県」、各大名家に統治権を返上させたものの当面存続する「藩」に分割された区分は、大名家所領を反映して飛び地が多く、中央集権のもとで中央政府の政策を地方に反映させることを目指した当時としては、極めて使いづらいものになっていた。そこで、まずはこれら藩が少し整理のうえ「県」に移行する。これがいわゆる「廃藩置県」である。これらの統合が順次進められ、時にあまりに統合しすぎて逆に非効率だと慌てつつ、1889年、ようやく1道3府43県という、現在の47の区分が確定。さらに第2次世界大戦中の1943年に東京府が「東京都」になり、これでようやく1都1道2府43県、すなわち「47都道府県」と言える状態になったのである。これが現在からおよそ80年前のことである。また、この間に地方もまとめ直され、京都を中心とみるのではなく複数のブロックで扱うことが多くなった。本シリーズで使っている区分で言えば、北海道・東北・関東・北陸・甲信・東海・近畿・中国・四国・九州及び沖縄の10地方区分だが、これは今も分け方が複数存在している。

　だいたいどのような地域区分にも言えることではあるのだが、地域区分は人が引いたものである以上、どこかで恣意的なものにはなる。一応1500年以上はある日本史において、この47都道府県という区分が定着したのはわずか80年前のことに過ぎない。かといって完全に人工的なものかと言われれば、現代の47都道府県の区分の多くが旧六十余州の境目とも微妙に合致して今も旧国名が使われることがあるという点でも、境目に自然地理的な山や川が良く用いられているという点でも、何より我々が出身地としてうっかり「○○県出身」と言ってしまう点を考えても（一部例外はあるともいうが）、それもまた否である。ひとたび生み出された地域区分は、使い続けていればそれなりの実態を持つようになるし、ましてや私たちの生活からそう簡単に逃れることはできないのである。

＊　　　　＊　　　　＊

　各都道府県ごとにまとめ直す、ということは、本シリーズにおい

ては「あえて」という枕詞がつくだろう。47都道府県を横断的に見てきたこれまでの既刊シリーズをいったん分解し、各都道府県ごとにまとめることで、私たちが「郷土性」と認識しているものがどのようにして構築されたのか、どのように認識しているのかを、複数のジャンルを横断することで見えてくるものがきっとあるであろう。もちろん、47都道府県すべての巻を購入して、とある県のあるジャンルと、別の県のあるジャンルを比較し、その類似性や違いを考えていくことも悪くない。あるいは、各巻ごとに精読し、県の中での違いを考えてみることも考えられるだろう。

　ともかくも、地域性を考察するということは、地域を再発見することでもある。我々が普段当たり前だと思っている地域性や郷土というものからいったん身を引きはがし、一歩引いて観察し、また戻ってくることでもある。有名な小説風に言えば、「行きて帰りし」である。

　本シリーズがそのような地域性を再発見する旅の一助となることを願いたい。

2024年5月吉日

執筆者を代表して

森 岡　　浩

目　　次

知っておきたい基礎知識　1

基本データ（面積・人口・県庁所在地・主要都市・県の植物・県の動物・該当する旧制国・大名・農産品の名産・水産品の名産・製造品出荷額）／県章／ランキング 1 位／地勢／主要都市／主要な国宝／県の木秘話／主な有名観光地／文化／食べ物／歴史

I　歴史の文化編　11

遺跡 12 ／国宝/重要文化財 18 ／城郭 23 ／戦国大名 29 ／名門/名家 35 ／博物館 39 ／名字 43

II　食の文化編　49

米/雑穀 50 ／こなもの 56 ／くだもの 60 ／魚食 67 ／肉食 71 ／地鶏 75 ／汁物 79 ／伝統調味料 84 ／発酵 89 ／和菓子/郷土菓子 93 ／乾物/干物 99

III　営みの文化編　103

伝統行事 104 ／寺社信仰 108 ／伝統工芸 114 ／民話 120 ／妖怪伝承 126 ／高校野球 132 ／やきもの 138

IV 風景の文化編 143

地名由来 144／商店街 149／花風景 155／公園/庭園 160／温泉 164

執筆者／出典一覧 168
索　引 170

【注】本書は既刊シリーズを再構成して都道府県ごとにまとめたものであるため、記述内
　　容はそれぞれの巻が刊行された年時点での情報となります

愛媛県

知っておきたい基礎知識

- 面積：5676km^2
- 人口：128万人（2024年速報値）
- 県庁所在地：松山市
- 主要都市：今治、宇和島、大洲、新居浜、西条、四国中央、八幡浜
- 県の植物：マツ（木）、ミカンの花（花）
- 県の動物：コマドリ（鳥）、ニホンカワウソ（獣）、マダイ（魚）
- 該当する令制国：南海道伊予国
- 該当する大名：松山藩（加藤氏、松平氏など）・宇和島藩（伊達氏）・大洲藩（加藤氏）・新谷藩（加藤氏）・今治藩（藤堂氏、松平氏）・小松藩（一柳氏）・吉田藩（伊達氏）・西条藩（紀伊徳川氏）
- 農産品の名産：柑橘類、コメ、ブタ、トマト、卵、牛など
- 水産品の名産：ブリ、マダイ、シマアジ、アコヤガイなど
- 製造品出荷額：3兆8,041億円（2022年調査）

●県　章

緑と黄色の地にミカンの花を配した県旗が広く用いられている。なお、別に1989年制定の県章もあるのだが、そちらが使われることはほとんどない。

●ランキング1位

・半島の長さ　南予地域の佐田岬半島は、付け根から50kmにわたって細長く伸びている。この地形は中央構造線という日本を東西方向に横断する巨大な断層帯に沿ってできた地形で、海としても北の瀬戸内海と南の宇和海・豊後水道を分けている。この半島は北からの風が強く、そのために最近では風力発電所の建設も進められている。

●地　勢

　四国地方の北西部とその周辺の島々を占める。ただし、全体的には山がちであることもあって県内での地域性も大きく、新居浜や今治を中心とした比較的平地が多い東予地域、県庁所在地の松山を中心とした松山平野部を占める中予地域、宇和島や大洲を中心とした山がちでリアス海岸の連なる南予地域に分けることが多い。主な川としては肱川や重信川があげられるが、このうち肱川は下流部に平地をほぼ形成していない。

　海岸部で特徴的な部分としては、今治がある高縄半島が北に張り出した一帯の先に、伯方島や大島、大三島などからなる芸予諸島が広島県尾道沖の因島・向島にかけて連なっている。これらの島々は戦国時代に村上水軍が拠ったことでも知られているように、瀬戸内海海運における交通の要衝であった。また、中予地域の沖合にある忽那諸島にも、南北朝時代に有力な海上勢力である忽那党がいたことで知られている。南予地域の沖合にも日振島をはじめとしてリアス海岸に伴う島々がいくつかあるが、それ以上に特徴的なのが、西に向かって50kmにわたり細長く伸びる佐田岬半島である。

　山岳地帯では、高縄半島の付け根よりもやや南の四国山地に、四国の最高峰である石鎚山がそびえている。また、その南西に広がっている久万高原は保養地や放牧地として、また高知県方面に抜ける道筋としても知られていた。

●主要都市

・松山市　中予地域の中ほど、重信川が形成した平野にある県庁所在地。江戸時代に松山城の築城に伴って現在見る城下町が形成されたが、それ以前から城下町の北東にある道後に有力な豪族である河野氏が拠るなど、こ

の一帯の中心地であった。市内の道後温泉は古くからの名湯として有名で、都市圏は南隣の伊予市（郡中）や東隣の東温市も含んでいる。

・今治市　江戸時代の初頭に藤堂高虎が築城した海城と城下町を由来とする都市。市域は平成の大合併によって、伯方島や大島などといった芸予諸島の島々を含んでいる。古くから瀬戸内海の海上交通の要衝であり、海運業者や造船業者などの海事産業が集中している。

・宇和島市　南予地域の中心都市であり、江戸時代初頭に築かれた城下町に直接の由来を持つ。リアス海岸のただなかに位置していることもあり、水産業が盛ん。

・八幡浜市　佐田岬半島の付け根にある南予地域の都市。古くは宇和島藩の政策などから、南予地域の産品の移出や宇和海などの海上交易の中継で栄え、その繁栄の様は「伊予の大阪」とも呼ばれていた。

・西条市　石鎚山の麓にある、江戸時代初頭の陣屋町に由来する都市。石鎚山に涵養されて地下水が豊富かつ流出も多数なことで知られ、東予地域の中でも特に工業の盛んな都市として知られている。

・新居浜市　東予地域の工業都市。江戸時代に発見された別子銅山の鉱石の積出港として、また精錬や工業の町として発展した。現在でも東予地域において西条・新居浜・四国中央（川之江）と連なる四国地方最大の工業地帯の中心地となっている。

・大洲市　八幡浜と松山の中間、肱川の流域の小盆地にある南予地域の小城下町。冬になると盆地にたまった霧が猛スピードで狭い峡谷を海へと流れ下っていく「肱川あらし」で有名。

●主要な国宝

・大山祇神社所蔵の国宝群　芸予諸島の中ほどに浮かぶ大三島には、少なくとも奈良時代から周辺豪族の信仰が厚かった大山祇神社がある。中予・東予北部から諸島部にかけて勢力を持った名族河野氏や、同じく古代の同地域に勢力を持った越智氏が奉納した、平安時代末期から室町時代にかけて奉納した鎧や刀剣などが数多く、武具類に関しては日本全国としても特に国宝・重要文化財指定のものが集中している。主なものを挙げると、白村江の戦いのために百済へ向かう途中の斉明天皇が奉納したと伝えられる白銅鏡、藤原純友の乱の際に越智氏によって奉納されたと伝えられる現存する中では国内最古級の鎧、治承・寿永の乱で屋島の戦いの後に、それ

それ河野氏当主や源義経の代理人が奉納したと伝えられる鎧2領などがあり、瀬戸内海をめぐる軍事や交通と共にあった神社である。

・石手寺二王門　松山市の道後温泉からみて南東、河野氏の中世における本拠であった湯築城の近くにある石手寺は奈良時代以来の古刹として知られている。国宝指定をされているのは14世紀の前半に河野氏によって再建されたとされている楼門で、鎌倉時代の様式をよく残すといわれている。

●県の木秘話

・マツ　岡山県や山口県でもマツ類は県の木であるように、瀬戸内地域では各地にみられる針葉樹である。松山市の地名の由来説にも、城を築いたときに山にマツが多かったからというものがある（のちに入った松平氏の「松」に求める説もある）。

・ミカン　ミカン科の常緑広葉樹であり、白い花を咲かせる。愛媛県でミカン栽培が始まったのは、江戸時代の末期にあたる19世紀中ごろに、南予地域の吉田（宇和島市）の人が紀伊（和歌山県）から苗木を移入してからだと伝えられている。以来、近代にかけてミカン栽培は南予、ついで中予や東予にも広がっていき、有名な「蛇口をひねればポンジュース（愛媛県で有名なミカンジュース）が出る」という冗談にも代表される、国内屈指の柑橘類の大産地としての地位を得た。ただし、近年は地球温暖化による高温の影響をミカンが受けており、高温にも対応しうる品種改良に余念がない。

●主な有名観光地

・道後温泉　松山市中心部から見て北東にある温泉は、飛鳥時代・奈良時代に「伊予の湯」として当時の天皇が浸かったものと同一視されている古い温泉である。特に有名な瓦屋根の「道後温泉本館」は、当時の町長の熱心な推進によって1894年に竣工した名建築として知られ、松山を舞台に小説『坊っちゃん』を書いた夏目漱石も、松山にいた時代にはここの温泉に入っている。

・松山城　松山の中央部にある小山にそびえる松山城の大天守は現存12天守の一つであり、1854年に再建が成った。現存12天守中で最も新しいものである。黒い板張りが特徴的な連立式の天守は、江戸時代初期の古式を意識したとも伝えられている。また、城下町も当時の町割りを色濃く残

す。

・**別子銅山**　江戸時代中期の発見から近代にいたるまで国内最大の銅鉱山として栄えた東予地域の別子銅山は、一貫して住友財閥・グループによって運営され続けたことや、同グループの隆盛の基盤になったこともあり、坑道や精錬施設、変電所などの関連施設がまとまって良好に残っていることで有名である。特に東平地区には、斜面地に石垣や護岸がのこっており、その様は「東洋のマチュピチュ」とも形容される。

・**大洲城下町**　南予地域の北側にある大洲の町は、盆地特有の地形もあって城下町としての風情が残っていることで知られているが、天守閣は老朽化のため明治時代に取り壊されていた。しかし、2004 年に、当時の人から残された図面や写真を基にして、木造での復元という事業が成し遂げられている。

・**内子座**（うちこざ）　南予地域の小都市で、小説家の大江健三郎の出身地でもある内子は明治時代に内陸の特産品の流通で栄え、その時代に大きな芝居小屋が建造された。やがて、芝居小屋はその時代の姿のままに残されたのだが、近年になって大きな観光資源として、文楽や歌舞伎などの舞台として知られるようになっている。

・**四国カルスト**　南予地域の内陸部は石灰岩質の地域が広がり、緩やかな起伏の中に白〜灰色の岩が露出する光景が続く。高原の観光地として有名である。

●文　化

・**俳句**（はいく）　松山の町には各所に俳句投稿用のポストがあることで有名だが、松山は江戸時代から俳諧（はいかい）が盛んで、明治時代には「俳句」というジャンルとしての確立に貢献した正岡子規を輩出している。また、戦前を代表する俳人である種田山頭火（たねださんとうか）の最期の地としても知られるなど、何かと俳句と縁がある。そのこともあって、1998 年以降は高校生による俳句大会「俳句甲子園」の開催でも知られている。

・**今治タオル**　江戸時代以来、今治は綿産業の盛んな土地として知られていたが、明治時代になってタオル産業が始まった。海外との競争に戦後は特にさらされつつも、良質化と高級化に活路を見出し、現在では日本を代表する地場ブランドの一つとなっている。

・**宇和島の牛鬼**（うしおに）　南予地域から隣接する高知県にかけて、牛とも鬼ともつ

かない5〜6mもの赤い練り物が、祭りの先導として江戸時代中期からみられるようになっていた。南予地域の祭りを代表する景観として今では知られている。

●食べ物

・鯛めしと鯛そうめん　南予地域はリアス海岸に伴う平地の少なさと、好漁場である豊後水道に恵まれて漁業が盛んなことで知られるが、特に鯛については有名な郷土料理がある。鯛の刺身に醬油ベースのたれを絡めてごはんに乗せて食する鯛めしと、祝い事の際に一尾丸ごとを煮て、そうめんとともに大皿に乗せる鯛そうめんである。

・じゃこ天　同じく南予地域では、宇和海で獲れる様々な魚を骨や皮ごとすり身にして揚げる料理が早くから住民の間に定着していた。現在でもそのまま焼いたりカツにしたりなど様々な調理法で食されている。なお、海を渡ればさつま揚げで有名な鹿児島県には比較的近いが、じゃこ天については江戸時代初期に陸奥（東北地方）から宇和島に入った大名の伊達家と共にかまぼこの製法が入ったことがきっかけ、とする説が根強い。

・伯方の塩　食塩のブランドとして有名だが、伯方島や対岸の波止浜をはじめとした一帯は、江戸時代に播磨国（兵庫県）赤穂などから入浜式塩田を導入したことで、塩の大産地として知られていた。瀬戸内海一帯で盛んだった塩田による塩の生産は、戦後に法律によって廃止されたため全く同じというわけではないが、それでも専売制の解除などによって、多種多様な塩が出回るようになっている。

・今治焼き鳥　戦後の1960年代から、今治において急速に広まった鉄板で焼く焼き鳥。造船業をはじめとした工業都市である今治において、串などの手間なくすぐに食べれることもあり広まっていったとされる。なお、鉄板と造船と食べ物の関わりとしては広島のお好み焼きについてはよく語られるものの、こちらの焼き鳥に関しては鉄板の出所としてはほぼ関係ない、という説が有力である。

●歴　史

●古　代

『古事記』では、「国生み神話」で生み出された四国の事を「伊予之二名

島」と表しているが、この呼び名が編纂の当時である6〜7世紀において伊予が四国地方の中心だったからなのか、それとも近畿地方の政権にとって伊予が重要だったからなのかは現在でははっきりとしていない（そもそも、四国全土を指して伊予と形容しているのは『古事記』のみである）。

　ただ、早い段階で海を介して伊予と他地域との交易ルートが開かれていたことは確からしく、中予地域の松山市などでは、弥生時代の遺跡から黒曜石（この周辺では大分県の姫島に大産地あり）やサヌカイト（産地が一部を除き香川県に限られる石）の石器が出土している。また、稲作や集落の遺跡は松山平野や今治平野などの県内の主要な平地に見られるが、これも九州地方から海路を通じて稲作が上陸したものとみられている。こうして伊予国が成立するまでに、松山平野や今治平野に比較的勢力の強い豪族が成立した。

　この九州〜伊予〜瀬戸内〜近畿へと至る海路は、四国地方北側の沿岸航行によるものとみられるが、この海路が重要になったことがある。661年ごろ、朝鮮半島の百済復興を目的に朝廷が軍を派遣した際に、現在の松山平野の北沿岸部と推定されている熟田津に船が立ち寄ったという記述である。このころにはすでに道後温泉も「伊予の湯」の名で知られていた。この影響からか、ほぼ同時期には伊予全域を管轄する「伊予総領」という役職にあったものが、讃岐（香川県）でも活動したという記録がある。

　とはいえ、7世紀が終わるころには、伊予は他国と同じく国司が管轄するようになっていた。国府は今治の近くに置かれていたと推定されているが、遺構は発見されていない。伊予にとっての海の重要性は平安時代も変わらなかったらしく、伊予国内で最も格式の高い神社とされた大山祇神社は芸予諸島の大三島にある。また、この時代の事件として外せないのが承平の乱こと藤原純友の乱（936年〜941年）である。この時代、九州からの海路上にあたっていた伊予を含む瀬戸内海一帯にはすでに海賊が横行していたが、伊予の官人に任じられて海賊対策に取り組んでいた彼は、途中から自らも海賊となって、南予地域の日振島を根拠地として西瀬戸内・九州沿岸地域のみならず、東瀬戸内の讃岐の国府をも襲った。折から東国では天慶の乱（平将門の乱）が勃発しており、当時の朝廷は大混乱にあったと記録されている。最終的に伊予含む周辺諸国からの兵によって乱は鎮圧されるも、それほどの海賊がでる伊予の航路の豊かさも、また海賊行為に出る住民の貧しさも、もはや疑いようはなくなっていた。

● 中　世

　こうして伊予にも海陸双方で武士団が育ち、また荘園も増加する。治承・寿永の乱では高縄半島と芸予諸島の一帯に拠っていた河野氏が平家に対して反乱を起こしている。河野氏は承久の乱などの紆余曲折を経て、戦国時代まで伊予を代表する名族として知られるようになる。

　南北朝時代になると、海上では中予の忽那諸島に拠った忽那氏が騒乱に乗じて一帯の制海権を得て、一時は南朝の皇子をかくまっている。ただしこちらは急速に衰退した。一方、陸上では河野氏が松山平野奥の湯築城を本拠としていたが、周辺には周防（山口県）の大内氏（のちには有力な戦国大名に発展）、讃岐と阿波（徳島県）を押さえた細川氏など有力な守護大名が多く、さらに戦国時代に入っても一族での内紛が相次いで、この家は強大になるには至らなかった。

　その分特筆されるのが、芸予諸島の能島・来島・因島に勢力を持った村上氏である。瀬戸内海の中でも特に潮の流れが難しく難所も多い一帯を勢力とした彼らは、船の警護や通行料の徴収、また各大名に従っての海上戦力として身を立て、毛利氏による石山本願寺救援軍などにも参戦。後世にまで「村上海賊」としてその名を残している。

　やがて戦国時代の末期に、土佐（高知県）の長曾我部家による四国統一、ついで豊臣秀吉の四国攻めの中、河野氏などは没落し、伊予に近世が訪れる。

● 近　世

　そもそも四国の他地域に比べると平野や山が複数あって、まとまりのない伊予では、最初から全土を支配する大名は設けられず、まずは江戸時代の初期に、東予で古くからの海上交通の要衝たる高縄半島東岸に今治の海城と城下町が、中予の伊予川の平野にあった小山に松山の城と城下町が設けられた。さらに江戸時代に入ってすぐに南予の宇和島にも築城が行われた。このころ、伊予川は足立重信という人物が治水に尽力したことで、現代の呼び名である重信川に名を変えている。さらにその後、大洲藩などが成立し、主要なものだけで8つの藩が伊予国内に並立することになった。

　近世の伊予では他地域と同様に新田の開発が行われた。また、瀬戸内海特有の塩田の開発が北部の諸島で行われ、東予北部にある波止浜のものが

よく知られている。さらに、東予地域で特に有名なのが別子銅山である。大坂の住友によって発見された鉱山は、新居浜の港としての整備と相まって、以降現代にいたるまで東予地域の重要な経済基盤となった。

　海も依然として重要である。伊予沿岸は西廻り航路の一部である瀬戸内航路の一角として引き続き船の往来が多く、多くの湊が栄えた。例えば上述した波止浜塩田は17世紀末の開発以降、この塩を目当てに多くの船が来航する港町としても繁栄し、近隣の今治ともども、後の造船など海事産業の集積につながることになる。松山藩が松山の外港として位置づけた三津（みつ）や、大洲藩が積出港として位置づけた長浜や郡中（伊予市）、宇和島藩が主要港と位置づけた八幡浜など、多くの港町が並立した。

● 近　代

　幕末においては、宇和島藩主だった伊達宗城（むねなり）が軍制改革や専売の強化、貿易の拡大などで藩をたてなおし、四賢侯の一人に数えられている。目を転じて松山藩は幕末において、難しい立場となった。当時徳川家の一門として幕府に従う姿勢を取った松山藩は、第二次長州征伐（ちょうしゅうせいばつ）で対岸の周防大島（すおうおおしま）へと侵攻して、一時これを占領したのだが、長州藩に反撃され撤退。その際に民家への放火などがあったことで、長州藩の松山藩に対する心証は非常に悪いものとなっていたのである。戊辰戦争でも南の土佐藩、北の長州藩がそれぞれ進軍したが、先に土佐藩側が松山藩の降伏を受け入れたことで、献金は強いられたもののこれ以上の戦禍は免れた。

　1871年の廃藩置県においては他県同様に各藩を基にした県がいったん設置されたのち、同年中に南予地域と中予地域中部が宇和島県に、中予地域北部と東予地域が松山県に再編された。ただし、そのあと何回か両県の間での県境の調整や、県名の変更（一時「石鉄県」（いしづちけん）「神山県」（かみやまけん）となっている）、松山県県庁の今治移転（当時の県域の中央）などを経て、1873年に両県が合併し、『古事記』に登場する伊予の別名「えひめ」を取って愛媛県が成立した。ただし、最終的な県域の確定は、旧讃岐国（さぬきのくに）合併と香川県再分立を経た1888年のことになる。

　これ以降の愛媛県は、瀬戸内沿岸の工業や海事産業と、農林水産業を基盤とした県としての歴史をあゆむ。瀬戸内海航路は戦前までは特に八幡浜などの町の隆盛をもたらしたが、船の性能が良くなるにつれてこのような中継貿易は衰えた。また今治を経由して本州へと向かう道路「しまなみ海

道」は、特に今治や島嶼部において人の流れを大きく変えてしまったという評価も大きい。しかし、現在でも造船業をはじめとした海にかかわる産業を多数有し、いまだ愛媛県は瀬戸内海とともにある県といえよう。また松山城や大洲城といった城や、道後温泉や内子座など明治・大正の風情を残す建築をはじめとした歴史的な遺産も豊富にある。柑橘類をはじめとした特産品も豊富であり、宇和海と瀬戸内海に恵まれた水産物では、マダイやブリ、アジなども良く知られている。

【参考文献】
・愛媛県生涯学習センター website：データベース『えひめの記憶』
・内田九州男ほか『愛媛県の歴史』山川出版社、2010

I

歴史の文化編

遺　跡

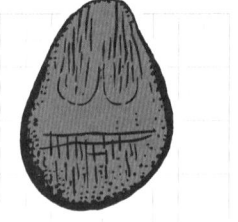

上黒岩岩陰遺跡（線刻礫〈石偶〉）

地域の特色　愛媛県は、四国北西部に位置する。北は瀬戸内海に面し、高知県に接する南側には、四国最高峰の石鎚山（1,982 m）を筆頭に、四国山地が東西に走る。東側は香川県、徳島県に接している。山地が発達し、四万十川や吉野川、仁淀川の水源地であるが、多くは他県に流出し、県内の河川の規模は小さい。そのため大規模な平野は形成されず、中山川の道前平野や重信川の道後平野が特筆される程度である。

そもそも瀬戸内海が現在のような地形となるのは縄文時代前期以降であり、それまでは海水面が低く、本州からの水系が豊後水道を経由して太平洋へ注いでいた。こうした地形を反映して、旧石器時代から古代にかけての遺跡の立地は、山間の盆地や平野部に隣接した山稜部付近に位置する傾向にある。県内の遺跡数は約4,000カ所を数える。

古代においては伊予国が位置し、『伊予国風土記』「逸文」にも記すように、聖徳太子をはじめ、皇族らが道後温泉に訪れた記録が残る。律令期、伊予掾として赴任した藤原純友は、日振島（宇和島市）を根拠地として瀬戸内海を荒らし、941（天慶4）年に乱が平定されたことはよく知られる。この追討軍に味方した伊予国押領使・越智好方の子孫河野氏や、大島（新居浜市）に勢力をもっていた村上氏ら豪族たちが、中世以降の伊予を支配する。ちなみに、時宗の開祖一遍は、この河野氏の係累である。

戦国時代には土佐国長岡郡岡豊城を根拠とした長宗我部元親によって、圧迫され、ついに1585（天正13）年に降伏した。その後、豊臣秀吉の四国平定に際して、小早川隆景によって開城され、伊予は小早川の支配となるも、その後転封により福島正則が湯築城へ、戸田勝隆が大津城に入る。以後、関ヶ原の戦前後は変遷が激しく、いわゆる「伊予八藩」と呼ばれる各藩域は17世紀代におおむね成立する。宇和島藩（伊達氏）と吉田藩（支藩）、大洲藩（加藤氏）と新谷藩（支藩）、松山藩（久松松平氏）と今治藩

　凡例　史：国特別史跡・国史跡に指定されている遺跡

（支藩）、西条藩（紀州松平氏）、小松藩（一柳氏）があった。ほか天領約2万石がこの間に散在していた。

明治の廃藩置県後、県が置かれた後、松山・宇和島両県に併合され、それぞれ石鉄県・神山県と改称されたが、1873年に統合され、愛媛県となる。しかし、1876年、香川県が廃止され、愛媛県に併合、愛媛県が北四国一帯を管轄する大県となる。しかし1889年12月、香川県が独立分離し、現在の県域に確定した。

主な遺跡

金ヶ崎遺跡（かながさき）
＊今治市：伯方島東部、瀬戸内海へ突き出た丘陵上、標高約50m付近に位置　**時代** 旧石器時代

1982年発見され、調査が行われた。300点以上の石器が採集され、サヌカイト製、ハリ質安山岩製のナイフ形石器、小型の舟底形石器、流紋岩製細石核などが認められた。ナイフ形石器には、いわゆる瀬戸内技法（打面調整を施した石核から規格性の高い横長の翼状剥片を連続的に剥離する）による国府型ナイフもあるが、大半はそれよりも新しい小型横長薄片のものであるとされる。ちみなに、いわゆる国府型ナイフの出土した伯方島北東の弓削島の鯨遺跡（上島町）や生名島の立石山遺跡（上島町）、佐島の百山遺跡（上島町）などが付近に位置している。

ウルム氷期の最寒冷期にあたる約2万年前には、海水面が現在より120〜135mほど低下したと考えられており、水深が約10〜30mの瀬戸内海は陸化していたと推定されている。そうした地理的環境のなかで、石器製作技術が本州と四国の間で、どのような関わりをもっていたかを考えるうえで、重要な遺跡といえる。

宝ヶ口I遺跡（ほけぐち）
＊西条市：中山川左岸に面した段丘縁辺上、標高約100m付近に位置　**時代** 旧石器時代後半

四国縦貫自動車道建設に伴って行われ、430点の石器類が検出され、おおむね4つのまとまり（ブロック）を形成しているほか、接合資料も確認された。出土した石器類は、角錐状石器、スクレイパー、使用痕のある剥片、石核、剥片、砕片、敲石などで、石材は頁岩が主体を占め、その他に赤色珪質岩、石英、水晶、チャート、サヌカイト、安山岩、結晶片岩、緑泥片岩など多様な種類が認められた。四国縦貫自動車道建設では、東峰遺跡第4地点および高見I遺跡（伊予市）でも、後期旧石器時代後半の石器群が検出されており、特に東峰遺跡から出土した石器群は、台形様石器

と石斧（局部磨製石斧）などが認められ、出土層位が姶良 Tn 火山灰（約2.9〜2.6万年前）の下位であることから、後期旧石器時代前半期の四国はもとより西日本でも最古級の資料として評価されている。

上黒岩岩陰遺跡 _{かみくろいわいわかげ}
＊上浮穴郡久万高原町：久万川上流の右岸、標高約400m付近に位置 **時代** 縄文時代草創期 **史**

1961年に中学生によって発見され、翌62〜70年にかけて日本考古学協会を主体として江坂輝彌らによって調査が行われた。高さ約20m、石灰岩の岩陰遺跡である。表土から4m以上の堆積土のなかで層位学的発掘を行い、14層が確認された。第3層で縄文時代前期の轟系土器、第4層からは押型文土器、第6層から、無文土器、石鏃などが確認されている。最下層の第9層からは、細隆起線文土器や有舌尖頭器、線刻礫偶などが発掘されている。

また、シカの角器の刺さった女性の腰骨が検出されたほか、縄文時代前期初頭と推定される2頭のイヌの骨が検出され、近年の慶應義塾大学などの再調査により、日本最古級のイヌの埋葬骨であることが確認された。

平城貝塚 _{ひらじょう}
＊愛南市：御荘湾に注ぐ僧都川の右岸、標高約14mに位置 **時代** 縄文時代後期

1891年に宿毛貝塚とともに、高知県の寺石正路によって発見された。平城式土器の標識遺跡としても知られ、1954年から現在まで断続的に発掘調査が行われている。貝層の厚さは約1m、南北約90m、東西約60mの規模を有し、縄文後期中葉を中心とした土器、石器、骨角器のほか、人骨、獣骨、魚骨、植物種子など、多くの出土物が検出された。なかでも興味深い遺物としては、織物片や笛状の貝製品などがある。瀬戸内海北部の中津式や津雲式土器、九州北部との関わりを示す要素も認められるなど、中国、九州地方とのつながりを考えるうえでも重要な遺跡として位置づけられている。

なお、県内貝塚としては、弥生時代前期〜中期の阿方貝塚（今治市）も著名であり、ハマグリ、アサリを主体とし、土器、勾玉、石器、石包丁などが見られ、ヒョウタン型を呈する土器は特筆される。

文京遺跡 _{ぶんきょう}
＊松山市：石手川の扇状地、標高約30mに位置 **時代** 縄文時代後期〜古墳時代

戦後、1947年頃より、弥生土器や石庖丁の採集が行われ、1962年には、愛媛大学工学部本館の建設工事中に弥生時代の遺物が大量に出土し、知られるようになった。本格的な調査は1975年以来、松山市教育委員会、愛

媛大学によって継続的に実施されている。大学構内を中心に広がる遺跡であり、これまでに縄文、弥生、古墳時代の遺構が確認され、特に弥生時代前期から後期の竪穴住居跡200棟以上をはじめとして、掘立柱建物跡、溝、墓坑などが検出されており、約25haに及ぶ拠点的集落であった可能性が指摘されている。遺物としては、石包丁、石斧、砥石などのほか、前漢鏡の破片も認められている。

　また近年、土壌分析により縄文時代晩期末から弥生時代前期初頭の畑跡が確認された。国内でも最古級の遺構であり、栽培植物は不明ながら、畝を立てず、すきなどで繰り返し耕した痕跡が確認されているという。なお市内の大淵遺跡（松山市）では、縄文時代晩期後半の土器とともに、有扶外湾刃、半月状石包丁、籾痕の認められた土器などが検出され、弥生時代以前の水田稲作の可能性も指摘されている。

唐子台遺跡群
＊今治市：頓田川の河口、標高105.3mの唐子山を中心とした丘陵に位置　**時代**　弥生時代後期～古墳時代前期

　1965年以来、土取りや団地開発などに伴い、発掘調査が実施された。尾根上を中心として、弥生時代終末期の墳墓が点在し、円形、方形、帆立貝形などの墳丘が認められる。また、唐子台10丘は、突出部を有する墳丘墓で木棺や壺棺などが7基検出され、庄内式土器が認められている。このほか、古墳時代の墳墓として、雉之尾1号墳は全長30.5m、前方部高さ2.34m、後方部高さ3.76mを測り、県内でも数少ない前方後方墳である。箱形木棺を直葬し、鉄剣や鉄斧、鉄鏃、直刀、重圏文鏡、二重口縁土器などが出土している。また、土取り工事で現存しないが、国分古墳は全長44mの前方後円墳で、竪穴式石室を有し、奈良・福岡県の古墳から出土した鏡と同笵の三角縁神獣鏡1面や獣文鏡1面が出土している。久保山古墳は全長45mで、神獣鏡や鉄剣の破片が出土し、保存運動もあり、現存する。

相の谷古墳
＊今治市：来島海峡を望む独立丘陵、標高約65mの山頂に位置　**時代**　古墳時代前期

　1966年に土取り工事に際して発見され、発掘調査が実施された。1号墳の全長は約82mで、県下最大級の前方後円墳である。前方部幅約44m、高さ約8m、後円部径約50m、高さ約10mで、墳丘は2段築成され、葺石と壺型・円筒埴輪が認められた。主体は竪穴式石室で、三角縁画像鏡、竈龍鏡、鉄刀、鉄剣、直刀、鉄製品などが検出されている。本古墳に近接して、相の谷2号墳があり、全長53mで地山を成形して墳丘を構築し

ている。

妙見山古墳（みょうけんさん）
＊今治市大西町：丘陵の尾根上、標高80mに位置
時代 古墳時代前期 　史

　1967年に後円部の乱掘が認められ、被害確認のための発掘調査が行われた。全長約59m、前方部幅約29m、高さ約4m、後円部径約31m、高さ約5mを測る。2段築成で、墳丘の中・下段に列石や裾石（すそいし）がめぐる。竪穴式石室で粘土床に割竹形木棺を設けていた。鉄刀、鉄剣などとともに、青銅鏡の痕跡が検出された。墳丘から大量の土器が検出され、大型器台や二重口縁壺形土器（じゅうこうえんつぼがたどき）などが認められた。県内でも初現期の前方後円墳として位置づけられている。

古照遺跡（こでら）
＊松山市：旧石手川の氾濫原、地表下4m、標高約8mの砂礫層に位置　**時代** 古墳時代前期

　1972年、下水道中央処理場の建設に際して発見された。1972〜77年にかけて発掘調査が実施され、川の合流地点に構築された古墳時代の堰跡が検出された。3基の堰が認められ、第1堰は全長13.2m、第2堰は全長23.8m、第3堰は全長20mあり、おおむね幅2〜4m、高さは1m前後の規模をもつ。長い横木と斜めに打ち込んだ多数の丸太材で構築されており、水田などへの灌漑施設（かんがい）としてつくられたものと考えられている。材料には、スギ、ヒノキ、モチノキなどが使用され、高床建物の転用財が認められ、当時の建築技術を検討するうえで貴重な資料を提供した。また、植物種子などの自然遺物も多数検出されている。

来住廃寺跡（きしはいじあと）
＊松山市：松山平野東部、来住台地西端部の標高39mに位置
時代 白鳳時代 　史

　1967〜78年にかけて3次にわたる調査が行われた。講堂や塔の基壇が認められたほか、回廊と推定される遺構も認められた。鴟尾（しび）や素弁十弁（そべんじゅうべん）蓮華文軒丸瓦（れんげもんのきまるがわら）や法隆寺式の複弁蓮華文軒丸瓦（ふくべんれんげもんのきまるがわら）など瓦類も多数検出されている。本遺跡の東1kmほどには奈良〜平安時代の官衙関連の遺構が認められている久米窪田Ⅱ遺跡（松山市）があり、掘立柱建物や大溝が検出され、木簡や円面硯、人形代、曲物、櫛、下駄、紡錘車なども認められ、官衙関連遺跡として注目されている。

　この一帯は律令期には久米郡が置かれ、これらの遺跡の北の丘陵には、県下最大の古墳群とされる150基以上の古墳を有する古墳時代後期の久米古墳群が存在しているほか、全長40mの前方後円墳であった三島神社古墳（宅地化され消滅）や全長62mの前方後円墳である波賀部神社古墳（はかべ）（松

山市)、全長48mと推定される前方後円墳の二ッ塚古墳などが存在し、首長墓的な墳墓が位置することから、古代伊予に存在したとされる久米氏の拠点的な地域であったことを示唆するものと評価されている。

湯築城跡（ゆづきじょうあと）

＊松山市：石手川右岸の丘陵西端部、標高40〜55m前後に位置
時代 室町時代〜戦国時代　**史**

1987年、動物園閉園後の再開発に伴い発掘調査が実施され、土塀跡や道、排水溝などの遺構が検出されたことから、中世の湯築城に伴う遺跡が遺存していることが明らかとなった。以後、南部を中心に断続的に調査が行われている。内堀、内堀土塁、外堀、外堀土塁を二重にめぐらせた平山城であり、東西約300m、南北約350mの規模をもつ。

東西に入口の門があり、城内西側および南側の内、外堀の間の平地部に、家臣団の居住空間が広がり、地区により階層差があった可能性も指摘されている。湯築城は中世、伊予国の守護であった河野氏が南北朝期以降に居城としていたものであり、1585（天正13）年に小早川隆景に開城した。

なお城内は公園として整備され、かつて道後温泉の浴槽内の湧出口として設置されていた戦国時代作製と伝わる石の「湯釜」も移設されている。

大下田窯跡（おおげたかまあと）

＊伊予郡砥部町：砥部川、御坂川の高位段丘上、標高80m前後に位置　**時代** 江戸時代

砥部動物園の駐車場整備に伴い、1982年に調査された連房式登窯（れんぼうしきのぼりがま）の遺構である。1号窯（全長15m）と2号窯（全長19m）があり、1号窯の灰原（捨て場）からは、陶器（碗・皿・鉢・花瓶（かびん）・急須（きゅうす）など）や磁器（碗・皿・徳利（とっくり）など）が検出され、底部に「天□辛冽□　麻生焼」の文字の書かれた陶器皿も出土した。「麻生焼」は砥部に存在した当時の村名を記したものと考えられ、年代も「1831（天保2）年」の可能性が推測されることから、江戸時代後期の砥部焼生産を考えるうえで興味深い資料といえる。また2号窯は、施釉瓦の窯と考えられ、貴重である。1号窯は砥部町陶芸創作館に移築され、見学することができる。

国宝 / 重要文化財

道後温泉本館

地域の特性

　四国地方の北西部に位置し、北側は瀬戸内海、西側は豊後水道に面している。中央構造線が瀬戸内海側を東西に走り、また四国山地が北に偏っているため平野は少なく、山地が多い。主な平野は瀬戸内海沿岸の新居浜平野、今治平野、松山平野である。県東部の今治から川之江にかけては重化学工業が発達し、特に地場産業の手漉き和紙生産から機械漉き、パルプ洋紙生産が発展した。県央部の松山には四国地方の行政・情報機能が集中し、四国最大の都市となっている。県西部の宇和海沿岸は海岸景観の美しい地域で、真珠やハマチの養殖、沿岸漁業が盛んである。またミカン栽培が普及して、高い生産量を誇っている。

　古代律令制の衰退とともに武士団が形成され、海上を縦横に移動する海賊の動きも活発となった。939年に東国で平将門の乱が起きると、藤原純友は海賊たちを率いて乱を起こした。しかし2年後に鎮圧された。この時に活躍した勢力が、後に村上水軍などの海賊衆となった。鎌倉時代から室町時代にかけて河野氏が勢力を伸ばしたが、戦国時代には衰退し、土佐の長宗我部元親の支配下に入った。江戸時代には松平氏の松山藩15万石のほかに、七つの中小藩が置かれた。明治維新の廃藩置県で各藩に県が置かれた後、1873年に愛媛県に統合された。1876年に香川県が併合されたが、1888年に香川県が分離されて、現在の愛媛県となった。

国宝 / 重要文化財の特色

　美術工芸品の国宝は9件、重要文化財は100件である。瀬戸内海のほぼ中央に位置する大三島は、大山祇神社で有名である。大山祇神社は古代豪族の越智氏とその流れをくむ河野氏に信仰され、武神・海神として広く尊崇を集めて武具や刀剣が多数奉納された。国宝 / 重要文化財に指定された名品が多く、刀剣や武具以外にも、古文書や扁額、古鏡などの国宝 / 重要

文化財がある。建造物の国宝は3件、重要文化財は47件である。松山市には大宝寺本堂、太山寺本堂、石手寺二王門、伊佐爾波神社、松山城、道後温泉本館など国宝／重要文化財の建造物が多い。

●禽獣葡萄鏡

今治市の大山祇神社の所蔵。中国／唐時代の工芸品。海獣葡萄鏡の一つで、面径26.8cm、原料にニッケルを含んだ白銅鋳製である。海獣葡萄鏡とは7〜8世紀に流行し、鏡背（鏡の裏側）にさまざまな動物像と葡萄唐草文が描かれ、西方的要素を取り入れた唐の国際性を示す代表的な工芸品である。大山祇神社の鏡の鏡背は、同心円状の圏条で内外2区に分けられ、内外両区とも外周に、葡萄の房と葉を蔓で囲んだ小さな文様が、交互に整然と配列されている。内区中心に、獲物をくわえてうずくまる海獣の姿をした紐があり、周りに左右対称に向き合う狻猊（獅子）、鳳凰、孔雀が配され、さらにその間を小さな鳥や獣の文様で埋められている。外区の内周には、右回りに疾走する狻猊と、飛翔する鳥がさまざまな姿態で交互に描かれている。鋳上りが良好で、細かい描写で躍動感あふれる禽獣を表現した端麗な中国鏡である。

◎与州新居系図

西条市の伊曽乃神社の所有。鎌倉時代中期の古文書。伊予（愛媛県）の豪族新居氏の系図で、一族の出身だった東大寺の高僧凝然が1281年頃に作成したものである。凝然は1240年に越智郡高橋（今治市）に生まれ、東大寺戒壇院の再興開山となった円照の弟子となり、1277年に戒壇院の院主となった。平安時代中期から鎌倉時代にかけて約300年間、東伊予の新居氏12世300人あまりの系譜が、消息（書状）の裏面を利用して筆記され、長さ374cmにも及ぶ。新居氏は、古代の豪族越智氏の流れと伝えられ、平安時代中期から台頭し、後期には大きな勢力となった。平氏との関係が強まり、源平争乱時には源氏側の河野氏と戦って敗れ、乱後は河野氏に服属した。鎌倉時代に新居8氏となり、さらに20以上の氏となって、伊予国内の諸郡郷に分布した様子が系図に示されている。鎌倉時代の代表的古系図で、有力武士による地方統治の展開を物語る。もと東大寺に伝来したが、近代になって石上神宮大宮司菅政友が入手し、伊曽乃神社に奉納した。

◎目黒山形関係資料

松野町の目黒ふるさと館で収蔵・展示。江戸時代前期の歴史資料。山の境界争いを解決するために、1665年に製作された木彫りの地形模型と関連資料である。1658年以来、伊予国（愛媛県）吉田藩目黒村と宇和島藩次郎丸村との間で山の

境界争いが起き、両藩の対立へと発展した。1664年3月6日に目黒村庄屋長左衛門が幕府に提訴すると、幕府は絵図と山形の作成を両村に命じた。翌年8月に山形が完成して江戸へもたらされ、10月12日に境界を設定した幕府の裁許が下りた。山形は銀杏の木材を彫り込んでつくられ、山や谷、盆地などの地形が立体的に表現されている。横262.1cm、縦190cmで、6個に分割された組立式である。材の上に白色顔料の胡粉を塗り、山地は濃い緑色、平地は黄土色に彩色して、道は赤線、河川は藍色の実線で描く。山の斜面には樹木、集落には人家が示され、胡粉で地名が書き込まれている。裁許絵図には新しい境界線が黒線で引かれ、老中以下7名の印が押されていた。山形と関連資料は全部で211点あり、目黒村、吉田藩さらには目黒村建徳寺へと引き継がれて今日まで伝来した。模型の精度が高いだけでなく、裁判や模型製作に関連する資料も一括して伝えられたので、地理学や測量史、法制史にとって貴重な資料となっている。

◎乗禅寺石塔　今治市の乗禅寺にある。鎌倉時代末期から南北朝時代の石塔。乗禅寺は今治市街から西へ約3kmの地点にあり、寺の裏山に11基の石塔がコ字型に整然と並んでいる。もともと山中に別々に立っていたのを1704年に1か所に集めたという。北側の奥正面に、1326年の記年銘のある五輪塔を中心に左右に宝篋印塔を1基ずつ、計3基が立つ。東側には、奥から石造宝塔、宝篋印塔、1326年の記年銘のある宝篋印塔、五輪塔の計4基が並び、西側には、奥から石造宝塔、1357年の記年銘のある宝篋印塔と2基の五輪塔、計4基が並ぶ。高さは2m前後のものが多く、一部を欠いている石塔もある。五輪塔は、密教の世界観である地水火風空の5大元素をもとに、方形の地輪、円形の水輪、三角形の火輪、半円形の風輪、宝珠形の空輪を下から上へと積み上げて塔にしたものである。宝篋印塔は、方形の基台に四角形の塔身をすえ、四隅に突起の付いた階段状の方形屋根を置いて、上に相輪を立てた塔である。石造宝塔は、方形の基台に上部を丸く面取りした円筒形の塔身をすえ、方形屋根を置いて上に相輪を立てている。乗禅寺の石塔は墓塔であり、仏や菩薩を梵字で表した種子のほかに、銘文や細かい模様などが刻まれている

◎松山城　松山市にある。江戸時代前期から末期の城郭。松山城は松山平野を一望する勝山に築かれた平城で、天守をはじめ櫓6棟、門7棟、塀7棟、計21棟が現存し、重要文化財となっている。松山城の創設者は加藤嘉明（1563〜1631年）で、関ヶ原の戦いで戦功をたてて

20万石となり、築城に着手して、1603年に伊予正木（愛媛県松前町）から居を移した。1627年に城は一応完成したが、完成直前に加藤嘉明は会津へ転封となった。その後蒲生氏を経て、1635年に松平定行が入封して城の大改修を行い、連立式の三重天守が築かれた。1784年の元旦に落雷で天守や本丸の多くの建物が焼失し、1854年に天守が復興された。焼失した天守が再建されるのは珍しい。江戸時代末期の再建だが、創建当時の復古的様式に基づいていた。1933年の放火により、天守を除く連立式天守を構成する建物すべてが焼失し、1968年に焼失部分が木造で復元されて、再び連立式天守がよみがえった。内庭を四角に取り囲んで、天守と小天守、南隅櫓、北隅櫓との間が、多門櫓や十間廊下などで連結されている。天守は三重3階、地下1階で、桁行6間、梁間4間の四隅に1階から3階までの通し柱が貫く。外観は、一重目の屋根に千鳥破風が付いて、二重目に唐破風と千鳥破風、三重目は高欄付きの縁が回って入母屋造の屋根となる。各重の屋根が下から上へ少しずつ小さくなる層塔式である。内部は、各階に床の間を備えて天井を張るなど、平和な時代を反映した居室化が進んでいる。

◎道後温泉本館

松山市にある。明治時代の観光施設。道後温泉は日本最古の温泉といわれ、『伊予国風土記』の逸文に、少彦名命が道後温泉の湯で病を癒したという話や、来湯した聖徳太子が称賛して伊予道後温泉碑文を建てたという話がある。江戸時代には、松山藩主松平氏が温泉の保護と設備拡充を行い、明王院が管理した。廃藩置県後、道後村の世話人6人による原泉社の経営となり、道後湯之町が誕生すると1891年に町営となった。初代町長伊佐庭如矢によって老巧化した施設の改築が進められ、1894年に神の湯本館が竣工し、続いて又新殿・霊の湯棟、南棟、玄関棟が完成した。神の湯本館は木造3階建で、入母屋造の大屋根に振鷺閣と呼ばれる宝形造の塔屋が立ち、塔屋の頂部に白鷺像をのせる。又新殿は皇室用に建てられ、金箔や襖絵で装飾されて優美な造りとなっている。本館全体は和風の大規模な複合建築で、複雑な屋根構成は特異な外観を見せる。

☞そのほかの主な国宝 / 重要文化財一覧

	時 代	種 別	名 称	保管・所有
1	奈 良	彫 刻	◎木心乾漆菩薩立像	北条市
2	平 安	彫 刻	◎木造十一面観音立像	瑞竜寺
3	平 安	考古資料	●奈良原山経塚出土品	玉川近代美術館
4	平 安	工芸品	●沢瀉威鎧	大山祇神社
5	鎌 倉	彫 刻	◎木造空也上人立像	浄土寺
6	鎌 倉	彫 刻	◎木造釈迦如来立像	宝蔵寺
7	鎌 倉	彫 刻	◎木造仏通禅師坐像	保国寺
8	鎌 倉	工芸品	◎銅鐘	石手寺
9	鎌倉〜江戸	古文書	◎忽那家文書	―
10	室 町	典 籍	◎歯長寺縁起	歯長寺
11	桃 山	絵 画	◎絹本著色豊臣秀吉像	宇和島伊達文化保存会
12	朝鮮/高麗	工芸品	◎銅鐘	出石寺
13	鎌倉前期	寺 院	●大宝寺本堂	大宝寺
14	鎌倉後期	寺 院	●太山寺本堂	太山寺
15	鎌倉後期	寺 院	●石手寺二王門	石手寺
16	室町前期	寺 院	◎興隆寺本堂	興隆寺
17	室町中期	寺 院	◎祥雲寺観音堂	祥雲寺
18	室町中期	神 社	◎大山祇神社本殿（宝殿）	大山祇神社
19	室町後期	寺 院	◎医王寺本堂内厨子	医王寺
20	江戸中期	城 郭	◎宇和島城天守	宇和島市
21	江戸中期	神 社	◎伊佐爾波神社	伊佐爾波神社
22	江戸中期	民 家	◎真鍋家住宅（四国中央市金生町）	―
23	江戸後期〜大正	民 家	◎豊島家住宅（松山市井門町）	―
24	明 治	住 居	◎旧広瀬家住宅	新居浜市
25	昭 和	交 通	◎長浜大橋	愛媛県、大洲市

城　郭

伊予松山城

地域の特色

　愛媛県は伊予国で、瀬戸内海と豊後水道に接する。海に面する山上には弥生時代の城ともみられる、高地性集落が立石山・積善山・鷲ヶ頭山・近見山など30余見つかっている。さらに神籠石式山城が永納山にある。先述の屋嶋、城山と同様に古代大和朝廷により築かれたとみられる。

　平安時代になると、水軍・海賊の活動が顕著になる。藤原純友の乱が承平年間（931〜938）に起きた。伊予に土着した純友が海賊平定の恩賞を求めて兵を挙げ、日振島と伊予・讃岐で朝廷軍と戦ったものである。瀬戸内海海賊衆の最大勢力は河野水軍で、通信の代には高縄山城にあったといわれ、鎌倉期に一時衰退するが、南北朝争乱期に河野通盛が出て道後に湯築城を築いて本拠とし国内最大の勢力となった。

　河野水軍の配下村上水軍は、この争乱期に能島城を中心に因島・来島の水軍を組織。瀬戸の島々に100余の海賊基地である城を築いて、瀬戸内海の来島海峡などを押さえ、制海権を手中にした。有力な海賊衆も戦国期になると、小早川・毛利氏に制海権を握られ、その配下となってしまう。

　有力な戦国期勢力は海賊衆のほかに伊予では府中城の宇都宮氏、仏殿城の土肥氏や妻鳥氏、黒瀬城の西園寺氏、金子城の金子氏、地蔵ヶ嶽城の大野氏がいた。さらに、長宗我部元親と河野通直の戦で著名な城に三滝城、岡本城、常盤城などがある。天正15（1587）年の羽柴秀吉による四国出兵で河野氏が滅びてからは、湯築城に小早川氏が拠ったがすぐ移封され、以降一円の支配は行われなかった。秀秋に嗣子がなく、小早川氏は慶長7（1602）年断絶した。

　近世では伊予松山城、大洲城、宇和島城が、また西条、新谷、吉田に陣屋が置かれた。伊予松山城と宇和島城には天守が現存。大洲城には小天守に相当する高欄櫓と台所櫓が現存する。大洲城には大天守が復元され、高欄・台所両櫓と多聞櫓で結ばれ、複合連結天守が再現されている。

今治城（いまばり）

別名 吹揚城、美須賀城、吹上城 **所在** 今治市通町 **遺構** 石垣、堀、模擬天守、二重櫓（再建）

慶長5（1600）年、関ヶ原の戦いの戦功で伊予半国20万石を領した藤堂高虎が今張の浦に同7（1602）年6月着工、同9（1604）年に完成した。海水が引かれた広大な濠や瀬戸内海と直結した大規模な舟入を持つ海城であった。

この城には従来、天守がなかったと考えられていたが、現在では天守は存在しており、同15（1610）年丹波亀山に移築されたとの考察が進んでいる。その頃の亀山城は高虎も参加していた天下普請の最中で高虎自身によって移築したという伝えがある。

同13（1608）年高虎は伊勢津城に移封されると、養子高吉2万石の居城になった。寛永12（1635）年、高吉も名張城に転封、松山城主松平定行の弟定房が3万石で封ぜられ松山藩の支藩として松平氏10代が続いて明治に至った。現在城址には本丸、二の丸、三の丸跡と堀、石垣が残る。石垣は直線的な野面積で堀に接する下部は幅5mなどの犬走を廻らしている。建物は本丸北隅櫓の位置に模擬天守があがり、多聞櫓、御金蔵、山里櫓などの櫓と鉄御門が再建され雄大な姿を見せる。城内の建物は明治2（1689）年競売に付され、取り払いが始まるが同4（1871）年には残されていた二の丸武具櫓が内部の火薬の爆発により大破する事故も発生した。

宇和島城（うわじま）

別名 鶴島城、板島城、丸串城 **所在** 宇和島市丸之内 **遺構** 現存天守、門（現存）、石垣 **史跡** 国指定史跡

天慶4（941）年、藤原純友の乱に、警固使、橘遠保が築城したと伝え、城史の始まりとされている。この地は呼称を板島と称し、和霊神社の所が板島城、現在の宇和島城は丸串城と呼ばれた。室町時代の末、丸串城に家藤監物が拠り、いく度とない外来勢力の攻撃によく耐えながら城を守った。天正3（1575）年、監物が城を去って高串村の道免城に帰ると、西園寺宜久の居城となった。同13（1585）年豊臣秀吉の四国出兵に、小早川隆景の支配下に入り持田右京が城将となり、隆景が筑前名島に移封されると、大洲城主戸田勝隆の支城となる。文禄4（1595）年、文禄朝鮮の役の功により藤堂高虎が宇和郡7万石を与えられると慶長元（1596）年から修築に着手、この頃は丸串も併せて板島と呼ばれた。高虎が慶長朝鮮出兵に出陣中も普

請は進められ、関ヶ原の戦いの結果、国分山城（今治城の前身）に移封と定まった後も板島が依然として高虎の所領であったので続けられた。慶長6（1601）年一応完成、今治に移り、この頃から宇和島城と呼ばれる。

慶長13（1608）年、高虎が伊勢に転ずると、宇和島城には富田信高が入城するが、同18（1613）年、石見津和野の城主坂崎出羽守と争って除封され、再度高虎があずかった。同19（1614）年、東北の雄、伊達政宗の長男秀宗が10万石に封ぜられ、慶長20・元和元（1615）年3月、入城した。2代宗利は高虎の築城より70年を経て老朽化した城の修築を幕府に願い出、寛文2（1662）年から11ヵ年を費やして大修築が行われた。現存の規模はだいたいこのときのものである。天守については、高虎の天守と同じように建て直すと願い出たが、まったく異なったものとなった。現存する式台付三層天守は江戸時代天守の残り少ない貴重な姿を伝えている。

伊達氏入城後の寛文年間（1661〜73）に浜御殿が造営されて3代宗賛（むねよし）以後、代々城主の居館とされた。城下町としては伊達氏以降、その確立期に入っていく。

明治33〜34年頃から櫓、城門などは次々に取り去られ、大手門は戦災で焼失した。現存する建物は天守と「上り立ち門」のみである。

永納山城（えいのう）

所在 西条市河原津・楠、今治市　**遺構** 土塁、列石、鍛冶炉跡
史跡 国指定史跡

永納山城は永納山（標高132m）・医王山（標高130m）の上に築かれ、頂上からは瀬戸内海の来島海峡が一望できる。文献には記載がない神籠石系の古代山城であるが、各所の調査の結果7世紀後半から8世紀前半に築かれたと判明。愛媛県にはこの1か所が確認されている。列石と土塁が良好に残り、城壁の長さは約2.5kmで、城門の一部と鍛冶炉が確認されている。

大洲城（おおず）

別名 地蔵ヶ嶽城、比志城、大津城　**所在** 大洲市大洲
遺構 櫓2（現存）、小天守（現存）、石垣、堀、木造復元大天守

元弘元（1331）年宇都宮豊房が伊予守護となって築城した当時は地蔵ヶ嶽城といわれる。永禄2（1559）年8代豊綱は、土佐一条氏と結んで湯築城の河野通宣及び安芸の毛利氏と戦い敗北。豊綱は降伏し備後で病没、宇都宮氏は滅亡した。

地蔵ヶ嶽城へは宇都宮の旧臣大野直之が入るが、天正13（1585）年豊臣秀吉の四国平定によって城を追われ、伊予を与えられた小早川隆景の領内

となった。同15（1587）年宇和・喜多2郡は16万石に封ぜられた戸田勝隆が居城とした。文禄4（1595）年病没した勝隆に替わり、宇和島城主藤堂高虎の支配下に入り、大洲城も高虎の修築によって近世城郭として基礎がつくられた。関ヶ原の戦い後も引き続き高虎の領内の支城の一つとして続いた。慶長14（1609）年入城した脇坂安治のときに城の修築は完成し、地名を大洲と改めたのはこのときであり、城も大洲城と改められた。元和3（1617）年安治の子安元は信濃飯田城に移封となり、加藤貞泰が伯耆米子から6万石で入封。13代続いて明治を迎えた。

　城は肱川に臨む丘陵を利用、本丸は丘陵の頂上に、その中腹に削平地を廻らし、南から西に半円を描くように本丸を囲んで二の丸が設けられ、その外側に内堀がある。さらにそれらを囲むように三の丸があり、上級武士の敷地であった。本丸には台所櫓、高欄櫓、二の丸に苧綿櫓、三の丸に隅櫓とそれぞれ二層の櫓が現存していて、中でも台所櫓は天守に多聞櫓で接続していた櫓で、小天守ともいえる存在であった。また一階内部は3分の1が土間で、籠城時に炊事に使用できる仕組みであった。鉄砲狭間は引戸を有する珍しいものである。天守は四層四階、層塔式の古風な外観で平成16（2004）年に木造復元される。

川之江城 <small>かわのえ</small>　別名 仏殿城　所在 四国中央市川之江町　遺構 石垣、堀切、模擬天守

　延元2（1337）年伊予の南朝方の将、河野通政の命をうけた土肥義昌が西に燧灘（ひうちなだ）をのぞむ鷲尾山（約60ｍ）に築いた城である。阿波、讃岐、土佐に通じる街道があり軍事上の要衝であった。別名の仏殿城は、義昌が山頂を巡検したとき、寛和2（986）年恵心僧都の営んだという小さな仏堂を見つけ、城内に運んで武運長久を祈ったことに由来する。天正6（1578）年、河野通直より城主に命じられた妻鳥采女は、四国統一を目指す長宗我部氏に従わず通直の部将河上氏に敗れ、替わって城主になった河上安勝は、同10（1582）年長宗我部氏の大軍の前に滅亡した。長宗我部氏の支配下となって同13（1585）年豊臣秀吉の四国平定で小早川隆景の猛攻をうけたが、長宗我部氏が秀吉の軍門に降るまで落城しなかった。その後、小早川隆景、加藤嘉明の持城となるが、廃城。寛永13（1636）年2万9千石余で、一柳直家が川之江城の西麓に陣屋を構えるが、同19（1642）8年直家の病没とともに一柳氏は播磨小野に移り、幕府領となり明治に至る。

来島城
来島城（くるしま） **所在** 今治市来島　**遺構** 柱穴群

　瀬戸内海の来島海峡の西口にある来島に応永26（1419）年、伊予水軍で知られる村上義顕の三男吉房が築く。吉房は島の名にちなんで来島を名乗りとした。城は一番北にある頂が本丸址、続く丘が二の丸、海浜の集落の谷間の丘が出城で、海岸を廻る岩礁地では、干潮時、東・北・西の三面にピット（柱穴）群が現れる。これは中世、戦国時代の桟橋址である。天正13（1585）年豊臣秀吉の四国平定後、来島康親は来島1万4千石を安堵されたが、関ヶ原の戦い後、西軍に属したため、豊後国玖珠郡森に移封された。のちに久留島と改姓し明治まで続いた。

能島城
能島城（のじま） **所在** 今治市宮窪町　**遺構** 柱穴群　**史跡** 国指定史跡

　大島宮窪町から約100mの海上にある能島にあった城で、村上水軍の根拠地であった。ここを根城に北の因島、南の来島などを押さえて芸予諸島の水路を確保し、戦国時代にはその勢威は頂点に達した。

　天正13（1585）年、豊臣秀吉の征討軍は四国に上陸、たちまち伊予を席巻、能島城に迫った。城主村上武慶は八幡船を率いて中国沿岸を荒らした猛将で、秀吉の大軍を迎え、沖合で敗れた。島全体を城郭化して海賊城といわれた。現在、島の周囲には船を係留した杭のピット群が残る。

松山城
松山城（まつやま） **別名** 金亀城　**所在** 松山市丸之内　**遺構** 現存天守、石垣、櫓（現存・復元）、城門（現存・復元）、堀、井戸　**史跡** 国指定史跡

　天正11（1583）年の近江賤ヶ岳の合戦で、七本槍の一人として知られる加藤嘉明は、文禄朝鮮出兵での軍功により、文禄4（1595）年、伊予のうちで6万石を与えられ、伊予郡松前（正木）城に入った。

　慶長2（1597）年朝鮮へ再び遠征の功により10万石に加増されたが、さらに同5（1600）年の関ヶ原の戦いにおける武功によって、伊予20万石を領するに至った。嘉明は拡大された所領を支配するために、松前城では城も狭く、地の利も悪いため道後平野の勝山に築城。勝山は建武の頃（1334～36）、道後湯築城を本拠とした河野氏の砦が置かれ、室町、戦国時代を通じての要害であった。同6（1601）年勝山の南麓の湯山川（今の石手川）の流路付け替えを行い、翌7（1602）年正月、築城に着手した。それまで南北二つの分離丘陵からなっていた勝山の頂上を削って谷間を埋めて本丸と

し、中腹の平坦地を二の丸、内堀で囲まれた堀之内を三の丸とした。築城資材は近くの山地に多く求められたようだが、廃城となった湯築、松前城の遺材の利用も多かった。乾櫓（現存）、筒井門などは松前城の遺構である。

城下町についても、嘉明自身が定め、武家屋敷は主に堀の内と町の東南部外側地区に配されている。城下町の防御については築城と同時に城北の山越に寺町を形成、屈曲させ七曲りの道を設け、城東には念斎、薬研、「かわらけ」などの外堀を掘り、砂土手を築き、城南方面とともに流れを変えた湯山川堤防を防御線とした。

慶長8（1603）年10月、嘉明は松前城から家臣、町人を引き連れて移ったが、全城の完成は寛永4（1627）年頃と考えられている。同年嘉明は40万石で会津若松城に移封された。替わって入城した蒲生忠知は、普請を続けて二の丸を完成させ居館としたが、急死して無嗣断絶。同12（1635）年、松平（久松）定行が15万石で入城、代々明治まで続いた。

松山城の天守は連立形で嘉明のときは五層六階で、定行入城後に三層に大天守を改築した。地盤に狂いが生じ、五層が危険であるとして改築したといわれている。定行の天守も天明4（1784）年雷火で焼失、安政元（1854）年再建されたのが現存天守である。現在、松山城には大天守と小天守、櫓19基、門20棟が現存している。また本丸には深さ44.2m、二の丸御殿跡には防火用の東西18m、南北13m、深さ9mの大井戸もある。登り石垣も残る。

湯築城 （ゆづき）　**別名** 湯月城　**所在** 松山市道後公園内　**遺構** 堀、土塁　**史跡** 国指定史跡

元寇の役（1274・1281）の勇将、河野通有の八男河野通盛が建武年間（1334〜36）に築いた。南北朝の動乱期に河野氏は南朝方につき、戦火の中落城したが、河野氏の本拠として戦国時代まで続いた。

天正13（1585）年、豊臣秀吉が四国に兵を進めると、小早川隆景も大軍を率いて東予に上陸、河野氏の支城を攻略し、時の城主河野通直は降伏を勧める小早川の軍門に降った。隆景が伊予35万石に封じられると、通直とともに居城、河野氏配下の土豪を部下に組み入れて、同15（1587）年、隆景が筑前名島城に移封され、福島正則が11万石で湯築城主となったが、間もなく国府城（府中城、今治城の前身）に移り、廃城となった。発掘調査の結果、守護の城館遺跡として重要さが認められ、平成14（2002）年国史跡に指定され、道後公園の整備の中で、武家屋敷が2棟復元されている。

戦国大名

愛媛県の戦国史

　室町時代の愛媛県は守護河野氏支配のもとにあったが、東予は細川氏が支配し、石川郡には備中守護代の石川氏が郡代として入部していた。また南予では喜多郡を宇都宮氏、宇和郡を西園寺氏が事実上支配していた。

　応仁の乱が勃発すると、河野氏庶流の通春は周防の大内政弘とともに大軍を率いて上洛して西軍に与する一方、惣領家として在京していた通直（教通）は帰国して東軍に属して内訌状態となった。この内訌は惣領家が勝利したが、次第に家臣や国衆層の叛乱が起こり衰退、毛利氏の支援を受けるようになる。

　東予では阿波細川氏の家臣であった三好氏が進出、三好氏が土佐の長宗我部氏に敗れると金子元宅が元親と結んで支配した。

　南予では宇都宮氏と西園寺氏が自立、さらに土佐の一条氏や豊後の大友氏も手を伸ばして戦乱状態となった。一条氏は宇都宮氏と結んで伊予に侵攻したが、河野・毛利・西園寺軍に大敗して宇都宮は滅亡した。その後、一条氏を降した長宗我部氏が南予に侵攻して西園寺氏を降すと、さらに北上して伊予の大半を手中に収めた。

　芸予諸島では因島・能島・来島の三島を拠点とした村上海賊衆が瀬戸内海の警固・交易などを通じて勢力を伸ばした。とくに厳島合戦では村上海賊衆が毛利元就方についたことが勝因といわれ、海賊衆の力を発揮した。三島村上氏は相互に歩調を合わせて行動する一方、因島村上氏は大内氏と結び、来島村上氏は河野氏の家臣となる一方、能島村上氏は独立的立場をとるなど一体ではなかった。天正4年（1576）の木津川合戦でも毛利方の水軍として織田方を破るが、同10年来島村上氏が織田方に転じ三島村上氏の結束が崩れている。翌11年には豊臣秀吉が四国に攻め入って制圧。戦後小早川隆景が入国し、戦国時代が終結した。

主な戦国大名・国衆

今岡氏 伊予河野氏の庶流。伊予国越智郡伯方島を本拠とする水軍で、枝越城（今治市伯方町伊方）に拠っていた。戦国時代の通任のとき、大三島の甘崎城（今治市上浦町）に転じた。のち帰農し、江戸時代は伊方村の庄屋をつとめた。

今城氏 伊予国北宇和郡の金山城（宇和島市三間町）城主。成妙郷九カ村を支配していた。天文6年（1537）今城能信（親）は京都で「大神宮法楽伊予千句」という連歌の興行を行い、関白近衛稙家ら当時の文化人が多数参加している。のち、今城兵庫守のときに長宗我部元親に敗れて落城した。

宇都宮氏 伊予国の戦国大名。下野宇都宮氏の庶流。元徳2年（1330）宇都宮豊房が伊予守護となって喜多郡に地蔵嶽城（のちの大洲城）を築城したのが祖。以後、代々地蔵嶽城に拠って喜多郡を支配し、室町時代は河野氏と争った。永禄11年（1568）豊綱のとき土佐の一条兼定と結んで河野氏と戦ったが、河野氏・毛利氏の連合軍に破れて滅亡した。

大祝氏 伊予国大三島の水軍・神職。越智氏の末裔。大山祇神社（今治市大三島町宮浦）の大祝職を世襲する一方で、一部が武士化して鎌倉幕府の御家人となった。戦国時代には大三島水軍を率いて河野氏に従っていた。天文10年（1541）、大内氏方の水軍白井房胤が大三島に侵攻、大祝職安舎の陣代をつとめた弟の安房が討死。同年の再度の侵攻の際には安房の妹の鶴姫が陣代となり、敵将小原隆言を討ち取っている。その後、安舎は大内氏に転じたが大内氏が滅亡、江戸時代には再び大山祇神社神官に戻っている。

戒能氏 伊予国温泉郡の国衆。河野氏の庶流といい、代々河野氏の重臣であった。天文年間（1532〜55）、戒能通運は大熊城（東温市井内）に拠り、その子通盛は大熊・小手ヶ滝・塩ヶ森・鳥屋ヶ森の各城主を兼ねた。大除城主の大野氏としばしば戦い、天文22年（1553）に大野氏を降している。

天正13年（1585）の豊臣秀吉の四国攻めで河野氏が滅亡、通盛は帰農して、江戸時代は井内村の庄屋となった。

金子氏（かねこ）　伊予国新居郡の国衆。金子城（新居浜市）に拠っていた。遠祖は村山党の武蔵金子氏で、伊予に転じた際に地名を金子に改めたという。戦国時代、元宅のときに土佐の大名長宗我部氏と結び、元親の四国制圧後も金子城に拠ったが、天正13年（1585）豊臣秀吉の四国攻めの際に小早川隆景に敗れて討死した。

忽那氏（くつな）　伊予国風早郡忽那荘（松山市忽那諸島）の国衆。出自は諸説あるが、藤原北家の末裔という親賢が忽那島に流されて忽那氏の祖となったと伝える。以後忽那荘の開発領主となり、親賢の曾孫という俊平が鎌倉幕府の御家人に列して忽那島の地頭となった。以来、忽那島を本拠に海賊として活躍した。重俊のときに所領が兄弟で分割相続されたことから、内訌が続いた。南北朝時代、義範は一貫して南朝に属し忽那氏の全盛期を迎え、懐良親王を島に迎えて3年間保護している。室町時代は河野氏に降り、戦国時代はその重臣となった。天正15年（1587）の豊臣秀吉の四国攻めで滅亡した。

来島氏（くるしま）　村上水軍3家の一つ。伊予国野間郡来島（今治市来島）を本拠として、来島村上氏と呼ばれた。村上義顕の三男吉房を祖とするが、戦国時代中期の通康までは事績がはっきりしない。通康は河野氏に属し、河野通直の娘を娶って河野氏の相続争いに巻き込まれている。弘治元年（1555）の厳島合戦では毛利元就の要請で水軍を率いて出兵し、毛利方を勝利に導いた。跡を継いだ通康の四男通総は、主家河野氏と対立して、天正10年（1582）豊臣秀吉に転じた。以後来島氏と改称、秀吉の四国攻めののちは伊予風早で1万4000石を領した。通総の子長親は関ヶ原合戦の際、当初西軍に属したため所領を没収されたが、慶長6年（1601）豊後森（大分県玖珠郡玖珠町）で再興、のち久留島家と改称した。

黒川氏（くろかわ）　伊予国周敷郡の国衆。享禄年間（1528〜32）に剣山城（西条市小松町）を築城して拠った。祖黒川元春は土佐の長宗我部氏の一族ともいう

が不詳で、のち河野氏の重臣となった。元亀3年（1572）に阿波の三好氏が伊予に侵入してきた際には黒川美濃守通博が河野氏に従って戦っている。天正13年（1585）の豊臣秀吉の四国攻めに際し、小早川隆景に敗れて落城。江戸時代は今治藩士となった。

河野氏〔こうの〕　伊予の戦国大名。古代豪族越智氏の庶流。文武天皇の時代に越智玉興が伊予大領となり、弟の玉澄が河野郷（松山市）に住んで河野氏を称したと伝える。好方は天慶4年（941）の藤原純友の乱の鎮圧に活躍し、以後水軍を擁して中予地方に勢力を振るった。源頼朝が挙兵すると通清・通信父子がいち早く呼応して伊予で挙兵、鎌倉幕府の成立後は幕府の御家人となった。承久の乱では通信は上皇方に属して敗退、通信は陸奥平泉に流された他、通俊は戦死、通政は斬首された。南北朝時代には、庶流の得能氏や土居氏が南朝方につくなか通盛は北朝に属し、子通朝が伊予守護となって以後世襲した。応永16年（1409）通之は家督を甥の通久に譲ったのち新居郡高峠城に拠って伊予東部を支配して予州家と呼ばれ、以後宗家と対立した。戦国時代、弾正少弼通直〔だんじょうしょうひつ〕は嗣子がいないため来島城主の村上通康を迎えようとしたところ、家臣は予州家の通政（晴通）を推戴して分裂。結局通政に家督を譲ったものの、通政は早世し、弟の通宣が継いだ。以後も一族内はまとまらず、天正11年（1583）の長宗我部元親の伊予侵攻に際しては、通直の実子伊予守通直が家臣団を率いたが敗れ、元親に降った。同13年豊臣秀吉の四国攻めで小早川隆景に降伏、以後は小早川氏の水軍となった。

西園寺氏〔さいおんじ〕　伊予国南部の戦国大名。嘉禎2年（1236）公家西園寺公経が伊予国宇和郡を領したのが祖。南北朝時代に宇和郡宇和荘に逃れた一族がそのまま土着したものだが、本家との関係は不詳。公俊のときに松葉城を築城して拠った。実充のときに黒瀬城（西予市宇和町）に移って戦国大名となり宇和郡全域を支配した。弘治2年（1556）の大洲宇都宮氏との戦いで実子公高が討死したことから、来応寺の僧侶だった一族の公広が還俗して継ぎ、毛利氏と結んだ。天正12年（1584）長宗我部元親に敗れて降り、翌年豊臣秀吉の四国攻めで秀吉に降伏。同15年宇和郡の領主となった秀吉の家臣の戸田勝隆に公広が殺されて滅亡した。

重見氏（しげみ）　伊予河野氏の庶流。伊予国風早郡の日高山城（松山市中村）城主。得能通景の子十郎左衛門通宗が重見氏を称したのが祖で、貞治年間（1362〜68）日高山城に拠り、以後代々河野氏に仕えた。天正13年（1585）の豊臣秀吉の四国攻めで小早川隆景に敗れて落城。子孫は帰農し、江戸時代は小山田村（松山市小山田）の庄屋をつとめた。

竹林院氏（ちくりんいん）　伊予国宇和郡の国衆。藤原北家の公家西園寺氏の一族。南北朝時代末期、西園寺公明が伊予国宇和郡内深田（北宇和郡鬼北町）の地頭となって下向し、土着した。戦国末期に土佐一条氏、のち長宗我部氏に従うが、天正13年（1585）滅亡した。

土居氏（どい）　伊予河野氏の一族。河野通有の弟通成が伊予国久米郡石井郷土居（松山市）に住んで土居氏を称したのが祖。元弘3年（1333）子通増は後醍醐天皇に呼応して、得能氏・忽那氏らとともに挙兵、建武政権下では備中守となった。南北朝合一後は伊予守護河野氏の被官となり、土居城に拠って河野家十八将の一つであった。戦国時代の通建が著名で、豊臣秀吉の四国攻めで河野氏が滅亡するまで、土居城主として活躍した。

萩森氏（はぎもり）　伊予国宇和郡の国衆。伊予大洲宇都宮氏の一族。宇都宮清綱が嫡子豊綱に大洲城を譲り、次男房綱・三男吉之允を連れて八幡浜萩森城（八幡浜市）に隠居して萩森殿と称したのが祖という。天正13年（1585）房綱のとき豊臣秀吉の四国征伐で落城。江戸時代、子孫は宇和島藩士となった。

二神氏（ふたがみ）　伊予国風早郡二神島（松山市二神）の国衆。室町時代に長門国の豊田氏の一族の種家が家督争いに敗れて伊予二神島に移り住み二神氏を称したのが祖という。室町時代後期には二神島を本拠として水軍を率い、河野氏に属していた。天正13年（1585）河野氏の滅亡後嫡流は帰農し、江戸時代は二神島の庄屋となった。

法華津氏（ほけつ）　伊予国宇和郡の国衆。清原姓。法華津城（宇和島市吉田町法華津）に拠って、西園寺氏に従う。天正12年（1584）前延のとき長宗我部

元親に敗れて豊後に逃れた。豊臣秀吉の四国平定後は帰国して法華津城に復帰したが、同16年に戸田勝隆が宇和郡の領主となると再び城を追われた。

正岡氏 <ruby>正岡氏<rt>まさおか</rt></ruby> 伊予国風早郡の国衆。越智姓で、正岡郷（松山市正岡）を中心に勢力を振るった。戦国時代、経貞は鷹取城（今治市古谷）に拠って河野氏に属していた。天正13年（1585）の豊臣秀吉の四国攻めで小早川隆景に敗れて落城した。

御荘氏 <ruby>みしょう<rt></rt></ruby> 伊予国宇和郡の国衆。藤原北家。公家の町家一族の町顕郷が土佐一条氏に従って下向、顕賢のときに宇和郡御荘（南宇和郡愛南町）に移って御荘氏を称し、常盤城（愛南町）に拠った。天正12年（1583）長宗我部氏に降った。

村上氏 <ruby>むらかみ<rt></rt></ruby> 村上水軍の一つ能島村上氏。信濃村上氏の一族。因島・来島・能島の3家があり、能島村上氏は伊予国越智郡能島（今治市宮窪町）を本拠として室町時代は河野氏に従った。戦国時代、惣領家の義雅・義益父子は大内氏に属す一方、庶子家の義忠・武吉父子は反大内氏方について内訌が起こり、庶子家の武吉が当主になったという。武吉は河野氏・毛利氏などには属さず自立、瀬戸内海全体に大きな影響力を持っていた。天正4年（1576）の大坂本願寺への兵糧搬入では毛利氏方として活躍、来島家の通昌が織田方に寝返ると、その本拠来島城を占拠している。跡を継いだ元吉は小早川氏に従い、関ヶ原合戦では伊予国で加藤嘉明と戦って戦死。その後は屋代島に移住して長州藩の船手衆となった。

渡辺氏 <ruby>わたなべ<rt></rt></ruby> 伊予国宇和郡の国衆。川後森城（河後森城、北宇和郡松野町松丸）に拠り、室町時代には宇和郡北部一帯を支配したという。戦国時代には伊予西園寺氏に従い、土佐一条氏の出の教忠が渡辺氏を継いだが、家臣に叛かれて城を追われている。

名門／名家

◎中世の名族

河野氏
こうの

伊予の戦国大名。古代豪族越智氏の末裔。文武天皇の時代に越智玉興が伊予大領となり、弟の玉澄が河野郷（松山市）に住んで河野氏を称したと伝える。好方は941（天慶4）年の藤原純友の乱の鎮圧に活躍し、以後水軍を擁して中予地方に勢力を振るった。

1180（治承4）年源頼朝が挙兵すると、通清・通信父子がいち早く呼応して伊予で挙兵。通信は西下してきた源義経の軍勢に加わり、屋島の合戦などで功をあげた。通信は89（文治5）年の奥州攻めにも参加、鎌倉幕府の成立後は御家人となった。承久の乱では通信は上皇方に属して敗退、通信は陸奥平泉に流された他、通俊は戦死、通政は斬首された。唯一幕府方に参加した通久のみが久米郡石井郷を与えられて河野氏は存続した。

元弘の乱では通盛は幕府方に与したが、後に足利尊氏に属して湯築城に拠った。南北朝時代には、庶流の得能氏や土居氏が南朝方に付く中通盛は北朝に属し、子通春は1350（観応元）年伊予守護となって、以後世襲した。1409（応永16）年通之は家督を甥の通久の譲った後新居郡高峠城に拠って伊予東部を支配して予州家と呼ばれ、以後宗家と対立した。応仁の乱では西軍に属している。

戦国時代、通直は嗣子がいないため来島城主の村上通康を迎えようとしたところ、家臣は予州家の通政（晴通）を推戴して分裂。結局通政に家督を譲ったものの通政は早世し、弟の通宣が継いだ。以後も一族内はまとまらず、1583（天正11）年の長宗我部元親の伊予侵攻に際しては、通直の実子伊予守通直が家臣団を率いて敗れ、元親に降った。85（同13）年豊臣秀吉の四国攻めでは湯月城に籠城したが、小早川隆景に降伏。以後は小早川氏の水軍となり、通直は安芸国竹原で病死して嫡流は滅亡した。

◎近世以降の名家

天野家 <small>あまの</small>

新居郡多喜浜村（新居浜市）の旧家。備後国御調郡吉和村（広島県尾道市）の出で、1723（享保8）年に初代天野喜四郎元明が伊予国黒島村の村役人に招かれ、西条藩の許可を得て、塩田11浜、10町6反を造成、多喜浜と名付けた。以来、6代百数十年にわたって240町歩にも及ぶ瀬戸内海屈指の大塩田を造成している。久貢山山頂には喜四郎の墓がある他、喜四郎の植えたソテツは現在愛媛県の天然記念物となっている。

奥平家 <small>おくだいら</small>

松山藩家老。奥平貞友の娘は伊予松山藩初代藩主松平（久松）定行の生母だったことから、その弟貞由が久松家に仕え、1635（寛永12）年家老に就任。以後、代々松山藩筆頭家老をつとめた。代々藤左衛門を称した。3代貞虎の時家禄3000石となる。幕末の当主貞臣（昌寿）は鶯居と号した俳人としても知られる。

加藤家 <small>かとう</small>

大洲藩主。藤原北家利仁流で美濃発祥。元は斎藤龍興に仕えていたが、加藤光泰の時に豊臣秀吉に仕え、後甲斐府中で24万石を領した。子貞泰は美濃黒野4万石の城主だったが、関ヶ原合戦後、伯耆米子6万石に加増。1617（元和3）年伊予大洲6万石に転じた。2代藩主加藤泰興は槍術の名手としても知られている。1884（明治17）年泰秋の時に子爵となる。

同家が1925（大正14）年に建築した住宅は2007（平成19）年国登録有形文化財に指定された。また映画「男はつらいよ」の舞台となっている。

加藤家 <small>かとう</small>

新谷藩（大洲市）藩主。1623（元和9）年大洲藩2代藩主泰興が父の遺領を継承する際に、弟直泰に1万石を分知したのが祖。直泰は喜多郡上新谷村に陣屋を置いて新谷藩を立藩した。1884（明治17）年泰令の時子爵となる。

高月家 <small>たかつき</small>

宇和郡吉田（宇和島市）の豪商。法華津屋と号し、三引家と叶家の二家がある。三引家は代々甚十郎を称し、紙問屋の傍ら帆船を所有して海運業も営んでいた。堺の豪商淀屋辰五郎と交遊があったことでも知ら

れる。叶家は代々与右衛門を称し、紙問屋の傍ら質屋を営んだ。両家は共に町年寄もつとめている。

伊達家 _{だて}

宇和島藩主。仙台藩支藩。伊達政宗の庶長子である秀宗が、1615（元和元）年に伊予宇和島藩10万2000石を立藩したのが祖。57（明暦3）年3万石を分知して7万2000石となる。5代村候は藩政を改革、製蠟や干鰯の生産を奨励する一方、藩校内徳館を創設するなど名君として知られる。幕末に旗本山口家から8代目を継いだ宗城は四賢侯の一人として知られ、新政府の樹立に活躍。維新後も要職を歴任して、1884（明治17）年伯爵、91（同24）年侯爵となった。

宗城の八男宗倫も分家して男爵となっている。

伊達家 _{だて}

吉田藩（宇和島市）藩主。初代宇和島藩主伊達秀宗の五男宗純が、1657（明暦3）年3万石を分知されて宇和郡吉田に陣屋を置き、吉田藩を立藩した。3代村豊は元禄赤穂事件の際に浅野内匠頭と共に勅使接待役をつとめている。1884（明治17）年宗定の時に子爵となった。

芳我家 _{はが}

喜多郡内子村（内子町）の豪商。文久年間（1861～1864）初代芳我弥三右衛門が蝋花式箱晒法を発明し、以後内子で精蠟が盛んになった。芳我家は当時日本最大の精蠟業者で、明治時代には「旭鶴」の商標で海外にも製品を輸出した。本家の本芳我家の他、1861（文久元）年に分家した分家筆頭の上芳我家など13家の分家があり、本芳我家と上芳我家の住宅は、共に国指定重要文化財である。

久松家 _{ひさまつ}

松山藩主。徳川家康の異父弟に当たる定勝は徳川家康に仕えて下総小南で3000石を領し、関ヶ原合戦後、遠江掛川藩3万石を立藩。定行は伊勢桑名を経て、1635（寛永12）年伊予松山15万石に入封、四国を監視する意味があったという。

1884（明治17）年定謨の時に伯爵となる。その長男定武は参議院議員を5期20年間つとめた後、愛媛県知事に当選した。その子定成は昆虫学者で、愛媛大学教授をつとめた。

久松家
（ひさまつ）

今治藩主。掛川藩主松平定勝の五男定房は2代将軍徳川秀忠に近侍して一家を興し、1625（寛永2）年伊勢長島で7000石を賜ったのが祖。35（同12）年伊予今治3万石を領して諸侯に列し、さらに江戸城大留守居役をつとめて1万石加増された。1884（明治17）年定弘が子爵となる。

一柳家
（ひとつやなぎ）

小松藩（西条市）藩主。伊予河野氏の一族。大永年間（1521～1528）河野通直の庶子宣高が美濃国厚見郡西野村（岐阜県岐阜市）に移って土岐氏に仕えたのが祖で、尾張国一柳御厨（名古屋市中川区）の地名に由来するともいう。直末は豊臣秀吉に仕え美濃大垣で5万石を領した。

関ヶ原合戦後、直盛が1636（寛永13）年に伊予西条6万8600石に移った。嫡流は65（寛文5）年直興の時に参勤交代の遅参や藩政の失政などで除封となったが、1万石を分知された直盛の三男直頼の子孫が伊予小松藩1万石として続いている。1884（明治17）年頼明の時に子爵となる。

鮒田家
（ふな　だ）

道後温泉の老舗「ふなや」を経営する旧家。寛永年間頃に「鮒屋旅館」を創業した。昭和天皇や上皇陛下を始め、渋沢栄一、新渡戸稲造など多くの政治家・文人達が逗留したことで知られる。また道後温泉の大地主でもあった。現在は14代目。

別宮家
（べっ　く）

今治城下（今治市）で国田屋と号した豪商。伊予河野氏の一族で、越智郡別宮村（今治市）に住んで別宮氏を称した武士の末裔。『吾妻鏡』（あづまかがみ）にも別宮新大夫頼高という名が見える。戦国時代には別宮修理太夫が米田城（今治市玉川町）城主であった。藤堂高虎が今治に入封した際に、別宮基一郎が城下に移り住んで国田屋となり、江戸時代は代々大年寄をつとめた。作曲家別宮貞雄、翻訳家別宮貞徳兄弟は末裔。

松平家
（まつだいら）

西条藩主。紀伊徳川家分家。紀伊藩初代藩主徳川頼宣の二男頼純が1668（寛文8）年に紀伊国内で5万石を分知されたのが祖。70（同10）年に幕府から伊予国で3万石を加増されたため、当初の5万石を紀伊藩に戻し、伊予西条（西条市）に陣屋を置いて西条藩3万石を立藩した。参勤交代をしない定府の大名であった。1884（明治17）年頼英の時に子爵となる。

博物館

愛媛県総合科学博物館
〈実物大の動く恐竜模型〉

地域の特色

　愛媛県は、四国の北西に位置し、旧国名は伊予国である。11市9町からなり、人口はおよそ132万人（2021（令和3）年8月1日現在）で、県庁所在地の松山市は四国最大の都市である。県域は瀬戸内海に面する東予、松山周辺の中予、宇和海に面する南予と三つの地域に分けられている。県内各地でいよかん・みかんなど柑橘類の栽培が盛んで、県旗も県の花「みかんの花」を図案化したものである。東予地域は瀬戸内海に面した平野が広がり製造業が盛んで、新居浜市では旧別子銅山などの産業遺産を生かしたまちづくりも行われている。瀬戸内海の島々は本州と結ぶしまなみ海道や国宝・重要文化財の武具や甲冑を多数収蔵・展示する大山祇神社や村上水軍で知られる。中予は松山市を中心とした都市部に道後温泉や松山城など歴史や文学の観光地、石鎚山や面河渓など豊かな自然が楽しめる地域である。南予は第一次産業の盛んな地域であるとともに、城下町で栄えた大洲市、歴史的町並みのある内子町、伊達文化の息づく宇和島市など魅力ある歴史文化を今に伝えている。県立の博物館は東予に愛媛県総合科学博物館、中予に愛媛県立とべ動物園と愛媛県美術館、南予地方に愛媛県歴史文化博物館と各地域に分かれて存在する。愛媛県博物館協会には2021（令和3）年3月現在で58の博物館が会員となっている。

主な博物館

愛媛県歴史文化博物館　西予市宇和町卯之町

　愛媛の歴史や民俗を扱う博物館。常設展示のうち歴史展示は資料の他、竪穴式住居や近世の町家などを再現した原寸大ジオラマ展示が充実し、なかでも近・現代展示室は店舗や電車などが再現されて町の中に迷い込んだようである。建物や集落の様子を再現した縮小ジオラマも各所にあり、城

郭の模型は県内各所の城でその様式を比較できる。民俗展示でもさまざまな地域の民家を再現して暮らしの様子を空間ごと理解できる構成になっている。特別展は親子で楽しめる企画から地域の歴史を掘り下げる展覧会まで多様な内容を開催している。教育普及活動は体験型学習室「こども歴史館」での衣食住と遊びをテーマにした月替わりプログラムの他、歴史文化講座や友の会、ボランティア、学校への出前授業や貸し出し教材キットなど、さまざまな事業を展開している。

愛媛県総合科学博物館　新居浜市大生院

1994（平成6）年にオープンした自然科学系博物館。建物は黒川紀章の設計で、常設展示は自然館、科学技術館、産業館の三つに分かれている。自然館は宇宙から始まり地球、愛媛へと進み、動く恐竜模型や環境ごとのジオラマ、地域の自然資料などを展示している。科学技術館では物質、生命、エネルギーなどを模型や体験型の実験装置などがある。産業館では伝統産業や愛媛の産業を紹介している。直径30メートルのプラネタリウムは世界最大級の大きさを誇り、65万個の恒星を投影できる最新鋭の光学式投影機と全天周デジタル映像投影システムが導入されている。学習棟には図書室、工作室、多目的ホール、天文台など講座などに使う各種施設があり、ホール、研修室などは有料での貸し出しも行われている。常設展以外に特別展、企画展の他、講座も数多く開催し、友の会やボランティアの活動も行われている。

愛媛県立とべ動物園　伊予郡砥部町上原町

1953（昭和28）年に設立された道後動物園を前身とし88（昭和63）年に移転オープンした動物園。約170種の動物を飼育展示しており、檻をなくして開放的に動物を見学できるパノラマ展示が特徴である。Webサイトに特集ページがあるホッキョクグマのピースは99（平成11）年に同園で産まれ日本で初めて人工哺育で成長した。また、アフリカゾウは家族で暮らす様子を見学することができる。ふれあい体験などを行うリトルワールドもある。イベントや企画展の他、小学校などの団体向けに小動物とのふれあい体験活動を行う「なかよし教室」や移動動物園、動物サポーター制度や友の会、県内の野生傷病鳥獣の保護も行っている。

別子銅山記念館　新居浜市角野新田町

1973（昭和48）年に閉山した別子銅山の意義を長く後世に伝えるため、住友グループによって建設された博物館。別子銅山の開坑から閉山までの歴史を文書や絵図、模型などで紹介するほか、黄銅鉱などの鉱石標本、鉱山での生活風俗、採掘などの技術なども展示している。屋外展示場では鉱山鉄道用として購入された別子1号蒸気機関車などを展示している。

今治市村上海賊ミュージアム　今治市宮窪町宮窪

瀬戸内海を舞台に活躍した村上海賊（村上水軍）の博物館。能島村上氏が城を構えた能島を臨む場所に建つ。展示室では村上水軍の船の模型や使われた道具類などで海賊たちの活躍、暮らしや流通の様子を紹介するほか、能島村上家に伝わる甲冑や陣羽織などの展示や、甲冑の着用などができる体験ルームもある。年に3～4回、特別展も開催されている。

愛媛大学ミュージアム　松山市文京町

城北キャンパス内にあり、大学の学術研究活動に興味関心をもってもらうための博物館。常設展示は、進化する宇宙と地球、愛媛の歴史と文化、生命の多様性、人間の営みの4テーマで展開し、特定の研究成果を扱うスポット展示や大学の情報コーナーなどもある。夏に開催する昆虫展の他、大学と連携した企画展や事業を開催している。

松山市立子規記念博物館　松山市道後公園

松山市出身の俳人、歌人である正岡子規の生涯を松山の歴史や子規の時代とともに紹介する博物館。作品や写真などの他、一時期居候した夏目漱石の下宿、愚陀仏庵の1階が展示室内に復元されている。常設展示以外に年に2～3回の特別展や特別企画展、俳句や短歌に関する講座やコンテストなどを数多く開催している。

松山市考古館　松山市南斎院町乙

松山市立埋蔵文化財センターの付属施設として設置された。発掘調査、収集保管、出版などの活動とともに、常設展では「見る」「聞く」「触れる」

「考える」をコンセプトとして伊予文化と人々の姿を松山平野で出土した約600点の資料で紹介するほか、年数回開催する特別展、企画展、古代体験教室などの教育普及活動を実施している。

面河山岳博物館　上浮穴郡久万高原町若山

石鎚山系に生息する動植物や岩石をはじめ、石鎚岳信仰・登山史などを紹介する博物館。国の名勝である面河渓の入り口付近に位置している。多数の標本やジオラマ展示が魅力の常設展示だけでなく、地域の自然を中心に多様な自然や文化をテーマにした特別展を開催する。平日夜に開催する講座や町民を対象としたクラブ活動「モモンガクラブ」などの活動もある。

伊方町町見郷土館　西宇和郡伊方町二見甲

佐多岬半島を深く知るための博物館で、展示室では裂織りの仕事着や祭りの用品など佐多岬半島で使われてきた生活用具を展示している。旧町見中学校の校舎を利用しており、2階では教室を再現して当時の制服や黒板を展示している。調査研究や交流活動を学芸員と一緒に進めて郷土を深く楽しむサポーター「佐多岬みつけ隊」などの活動も行っている。

木蝋資料館上芳我邸　喜多郡内子町内子

国内最大規模の製蝋業者だった本芳我家の筆頭分家、上芳我家の邸宅の博物館。内子町の町並保存地区内の代表的建物でもある。現存する10棟の建物は重要文化財に指定され、重要有形民俗文化財「内子及び周辺地域の製蝋用具」も収蔵している。木蝋生産の過程を模型や映像で紹介するほか、釜場などの生産施設や家屋、庭園など多くの見どころがある。

宇和島市立伊達博物館　宇和島市御殿町

初代から9代まで宇和島藩藩主を務めた伊達家ゆかりの資料を中心に展示する博物館。国指定重要文化財の豊臣秀吉画像や藩主夫人の婚礼用具などの他、伊達家や宇和島をテーマにした特別展、桃の節句に合わせた雛人形の展示も開催している。子どもを対象とした「夏休みこどもプロジェクト」などの教育事業も行われている。

名　字

〈難読名字クイズ〉
①明比／②雷／③斉宮／④魚海／⑤祖母井／⑥都谷／⑦鋸本／⑧告森／⑨枝茂川／⑩待夜／⑪竹箇平／⑫種植／⑬怒和／⑭返脚／⑮妻鳥

◆地域の特徴

　愛媛県の名字では高橋、村上、山本、越智の4つがとくに多い。高橋は全国第3位の名字ながら、県単位で最多となっているのは群馬県と愛媛県だけ。県内でもほぼ全県に分布する。一方、村上と越智は瀬戸内海沿岸に広がる名字で、県内でも越智地区に極端に集中している。

　村上は瀬戸内海の村上水軍に関わる名字で、現在でも瀬戸内一帯に集中している。清和源氏の一族である信濃村上氏の祖為国の弟に定国という人物がおり、保元の乱の後に淡路に渡り、さらに塩飽島を経て、伊予の能島に移ったのが祖といわれるがはっきりしない。源平合戦では源氏方に参加した河野氏のもとで従軍したが、鎌倉時代に独立。室町時代には、幕府から海上の警固を命じられて水軍に発展し、因島・来島・能島の3家に分かれて瀬戸内海を支配した。

　5位と6位に渡部・渡辺と同音の名字が並ぶのが愛媛県の大きな特徴の一つ。漢字を無視して読み方だけで数えると、「わたなべ」は「たかはし」

名字ランキング（上位40位）

1	高橋	11	近藤	21	山下	31	阿部
2	村上	12	矢野	22	山内	32	宇都宮
3	山本	13	石川	23	清水	33	山口
4	越智	14	白石	24	加藤	34	兵頭
5	渡部	15	大西	25	鈴木	35	中村
6	渡辺	16	藤田	26	池田	36	菅
7	松本	17	河野	27	大野	37	山田
8	田中	18	三好	28	森	38	菊池
9	伊藤	19	岡田	29	佐々木	39	武田
10	井上	20	二宮	30	藤原	40	上田

をはるかに上まわって最多となる。

12位の矢野は地形由来の名字で、「やち（湿地）」＋「野」から生まれたとみられる。西日本一帯に広く分布し、とくに四国と九州東部に多く、愛媛県の12位というのは全国最高順位である。

14位白石、20位二宮、22位山内は珍しい名字ではないが、これくらい上位に入るのは珍しい。とくに二宮は県単位で100位以内に入っているのも、他には大分県だけである。

この他、32位宇都宮、34位兵頭、36位菅が愛媛県独特の名字である。

宇都宮は、文字通り栃木県の宇都宮をルーツとする名族宇都宮氏の一族。鎌倉時代に庶流が大洲に転じ、以後伊予宇都宮氏として栄えた。現在は栃木県には少なく、愛媛県や大分県に多い。県内では南予地区に多く、とくに西予市では最多の名字となっている。

兵頭（ひょうとう）は全国ランキングで1200位台というメジャーな名字だが、その6割以上が愛媛県に集中している。県内では西予市と宇和島市に集中しており、旧三間町（宇和島市）では最多名字だった。

菅は愛媛県以外では「すが」が多いが、県内では98％近くが「かん」と読む。平安時代、菅原家は省略して「菅家（かんけ）」と呼ばれたことに因むもので、菅原氏の末裔が名乗ったもの。

41位以下では、42位玉井、57位曽我部、61位清家、64位青野、73位桧垣、80位武智、89位仙波、91位重松などが独特。

45位の佐伯には「さいき」「さえき」の2通りの読み方がある。県内では、佐伯の集中している西条市では90％が「さいき」なのに対し、他の地域では「さいき」と「さえき」がほぼ半数ずつとなっており、全県では約75％が「さいき」である。したがって、45位の佐伯は「さいき」と読むもののみである。ちなみに、愛媛県と並んで佐伯の多い富山県では97％が「さえき」と読む。

61位清家（せいけ）は古代豪族の清原氏の末裔。清原氏の一族のことを「清家」と読んだことから、子孫が名字としたもの。南予地方の名字で、宇和島市の旧吉田町では2位の2倍以上という圧倒的な最多名字となっていた。

80位の武智は伊予国越智郡高市郷（今治市）がルーツで、伊予市から松山市にかけて集中している。四国に多い「たけち」と読む名字のなかでも最も数が多い。高知県では武市と書く。

89位の仙波のルーツは武蔵国入東郡仙波（埼玉県川越市）。武蔵七党の一つ村山党の一族で、現在は中予地方に多い。

また、67位宮内は千葉県銚子市付近、70位石丸は佐賀県にも多い。

101位以下では中矢、上甲、加地、高須賀、田窪、馬越、田坂が独特。上甲は全国の3分の2以上が愛媛県にある。南予地区に集中しており、とくに西予市に多い。田窪は伊予国温泉郡田窪村（東温市）がルーツとみられ、全国の半数が愛媛県にある。今治市に集中しており、とくに伯方島に多い。

● 地域による違い

松山市を中心とした中予地区は渡部が一番多く、松山市では渡部が最多。この他、田中、大野、高須賀などが目立つ。松前町の大政や郷田、中島町の俊成や忽那など、独特の名字も多い。

県境に使い上浮穴郡では、片岡や西森といった高知県高岡地域と共通する名字が多く、仁淀川水系によって高知県側との人の交流が多かったことがうかがわれる。

今治市を中心とした越智地区では、古代から同地域に栄えた越智と、中世に水軍として栄えた村上の2つの名字が圧倒的に多い。平成大合併前には越智郡に15の町村があったが、うち7町村で村上、5町村で越智が最多で、違っていたのは、大三島町の菅、波方町の木村、魚島村の大林だけだった。その他では、矢野、桧垣、阿部が多く、越智地区独特の名字には、田窪、浅海などがある。また、島嶼部では島ごとに独特の名字も多く、伯方町の赤瀬、馬越、大三島町の国貞、多和、宮窪町の田頭、徳丸、菊間町の柚山、岩城村の田名後、生名村の津国、関前村の美藤などがある。

県の最東端に位置する東予地区では、高橋、伊藤、石川の3つが他を圧倒しており、新居浜市で高橋、西条市で伊藤、四国中央市で石川が最多である。また、香川県に多い大西、真鍋、合田が多いのも特徴。東予地区独特の名字には、曽我部、黒川、黒河などがある。

南予地区は東中予地区とは名字の分布がかなり違っている。中世には東国から来た宇都宮氏や、京都から移り住んだ西園寺氏が栄えたほか、江戸時代には仙台藩伊達氏の一族が宇和島藩主となるなど、県内の他の地域とは、常に政治的に別の支配構造があったためである。

大洲市・八幡浜市を中心とした北部では山本、菊池、二宮、上田が多く、肱川町では和気が最多。ちなみにこの和気、古代豪族和気氏の末裔で、県

内や岡山県では「わけ」だが、日本一和気の多い栃木県では「わき」と読み、全国を合計すると「わき」の方が多い。

宇和島市を中心とする南部でも山本が多いが、それ以外は地域によってばらばら。北宇和郡・南宇和郡のあった11町村では、旧日吉村と旧一本松町で山本が最多となっている以下はすべて違っていた。南予地区独特の名字としては、兵頭、清家、菁家、上甲などがある。

● 越智氏と河野氏

愛媛県を代表する名字といえば、やはり越智だろう。他県では隣の広島県を除いてあまりみられない。

越智氏のルーツは伊予国越智郡（今治市付近）で、古くからずっとこの地に根を張っている古代豪族。「古事記」や「日本書紀」に登場する饒速日命の子孫といわれている。

この越智氏の子孫といわれているのが、鎌倉・室町を通じて、瀬戸内海に大きな勢力を振るった伊予最大の名家・河野氏である。

河野氏は伊予国風早郡河野郷（松山市）をルーツとし、水軍を率いてこの地方に勢力を持っていた。政治の表舞台に登場したのは源平合戦の時。河野通清は源氏に与し、その子通信は鎌倉幕府の御家人に取り立てられて、伊予を代表する武家として認知された。鎌倉時代に時宗を開いた一遍も河野氏の一族である。室町時代には伊予の守護も務め、戦国時代まで水軍大名として活躍した。

● 愛南町由良半島の名字

愛南町の由良半島にある網代地区では、3つの集落の名字が、それぞれ浜地・鱒といった魚の名前、木網（生網＝新しい網）・松網（船をもやう網）といった漁具の名前、大根（おおね＝ダイコンの古語）・真菜・麦田といった作物の名前に集中している。これらはいずれも同地出身の実業家浦和盛三郎によった名付けられたものという。浦和家は網代地区の大地主で、寒村であった網代地区を漁業や農業によって振興するために水産加工業を興すと同時に、あえて関係する名字を名乗らせることで、意識改革を植え付けたという。

◆ 愛媛県ならではの名字

◎井門

愛媛県独特の名字で、松山市と今治市に集中しているが、松山市では「い

ど」、今治市では「いもん」と読み方が分かれており、県内を合計すると「いど」が過半数を占める。なお、愛媛県に次いで多い滋賀県では「いかど」と読む。

◎馬越（うまごえ）

今治市から芸予諸島を経て、福山市にかけて集中しており、とくに伯方島に多い。伊予国越智郡馬越村（今治市）がルーツ。なお、地名は「うまごえ」である。なお、関東では「まごし」とも読む。

◎西園寺（さいおんじ）

西園寺は本来公家の名字で、藤原家の一族が京都に建立した西園寺という寺に由来している。室町時代に一族が戦乱の京都を避けて、所領のある南予に下ったのが祖で、戦国時代には南予の戦国大名として活躍した。現在は八幡浜市と西予市に多い。

◎清家（せいけ）

南予地方独特の名字。菅原家を菅家といったように、清原家を「清家（せいけ）」といったことに因む。この地に降った清原氏の末裔が名乗ったもの。

◆愛媛県にルーツのある名字

◎忽那（くつな）

藤原北家で、藤原道長の子孫の親賢が伊予国風早郡の忽那島（松山市忽那諸島）に流され、忽那氏の祖となったという。忽那荘の開発領主で、鎌倉時代に地頭となる。以来、忽那島を本拠として海賊として活躍した。現在でも全国の半数以上が愛媛県にあり、旧中島町（松山市）に集中している。

◎二神（ふたかみ）

松山市付近と、南宇和郡愛南町から高知県幡多郡大月町にかけての2カ所に集中している名字。伊予国風早郡二神島（松山市中島）がルーツ。豊田氏の一族が二神島に移って二神氏を称したのが祖で、河野氏に属して水軍を率いた。江戸時代は宇和島藩に仕え、天和2（1682）年正種は宇和郡御荘（南宇和郡愛南町）の代官となった。

◎法華津（ほけつ）

伊予国宇和郡法華津（宇和島市）がルーツ。清原氏。法華津城に拠り、西園寺氏に従う。戦国時代に長宗我部氏に敗れ、豊後に逃れた。現在は愛媛県には法華津はほとんどなく、落ちた先の大分県に多い。

◎正岡〔まさおか〕

　全国の4割以上が愛媛県にあり、松山市から今治市にかけて多い。とくに上浮穴郡久万高原町や今治市玉川町に集中している。ルーツは伊予国風早郡正岡郷（松山市正岡）で、越智氏の一族。正岡郷を中心に勢力を振るった。戦国時代の鷹取山城主に正岡経貞がいた。

◎御荘〔みしょう〕

　伊予国宇和郡御荘（南宇和郡愛南町）がルーツ。藤原北家で、公家の町氏の一族が土佐一条氏に従って下向し、のち御荘に移って御荘氏を称した。常盤城（愛南町）に拠った。

◆珍しい名字

◎祖母井〔うばがい〕

　大洲市周辺に集中している名字。ルーツは下野国芳賀郡祖母井（栃木県芳賀郡芳賀町）がルーツで桓武平氏の一族。代々宇都宮氏に仕えており、大洲宇都宮氏とともに移って来たものとみられる。

◎返脚〔へんきゃく〕

　松山市にある名字。元は木地師で小椋を名乗っていたが、明治維新後木地師を廃業するにあたり、滋賀県の小椋宗家に免許とともに小椋の名字も返却した。その際にあらたに返脚という名字を貰ったという。

◎妻鳥〔めんどり〕

　全国の4割以上が愛媛県にある。伊予国宇摩郡妻鳥（四国中央市）がルーツで、現在も東予地方に集中している。天正年間（1573〜92）、大西氏によって滅亡した。他県では「つまどり」とも読む。

◎薬師神〔やくししん〕

　全国の半数以上が愛媛県にあり、宇和島市を中心に南予地方に多い。戦国時代は飯之山城の城主だったが、落城して穴井に逃れ、薬師堂の神職になったことから「薬師」と改名し、のちに薬師神にしたと伝える。

〈難読名字クイズ解答〉

①あけび／②いかずち／③いつき／④うおみ／⑤うばがい／⑥おがい／⑦おがもと／⑧こつもり／⑨しもかわ／⑩たいや／⑪たけがなる／⑫たなえ／⑬ぬわ／⑭へんきゃく／⑮めんどり

II

食の文化編

米 / 雑穀

地域の歴史的特徴

480年頃、松山に大規模なかんがい水利施設が構築されていたことが古照遺跡などの発掘で判明している。

幕末まで愛媛県には松山、大洲、新谷、宇和島、吉田、今治、西条、小松の「伊予八藩」があったが、1871（明治4）年に合併して松山県と宇和島県になった。翌年、松山県は石鐵県、宇和島県は神山県に改称された。

1873（明治6）年2月20日に石鐵県と神山県が合併して、愛媛県が設置された。同県は2月20日を「愛媛県政発足記念日」と定めている。愛媛は、国生みの神話に出てくる「愛比売」にちなんでいる。愛比売は織物に巧みな比売（女性）である。

コメの概況

水稲の作付面積、収穫量の全国順位はともに35位である。収穫量の多い市町村は、①西条市、②松山市、③今治市、④西予市、⑤宇和島市、⑥東温市、⑦四国中央市、⑧伊予市、⑨松前町、⑩大洲市の順である。県内におけるシェアは、西条市22.2％、松山市13.1％、今治市10.0％、西予市9.7％などで、上位3市で県内収穫量の3分の1以上を占めている。

愛媛県における水稲の作付比率は、うるち米97.6％、もち米2.4％である。醸造用米については区分して面積が把握できないため、うるち米に包含している。作付面積の全国シェアをみると、うるち米は0.9％で全国順位が京都府と並んで34位、もち米は0.5％で香川県、高知県と並んで35位である。

うるち米

（必須銘柄）愛のゆめ、あきたこまち、キヌヒカリ、こいごころ、コシヒカリ、ヒノヒカリ、松山三井

（選択銘柄）きぬむすめ、にこまる、ひとめぼれ、フクヒカリ、みつひかり

　うるち米の作付面積を品種別にみると、「コシヒカリ」（全体の31.0％）と「ヒノヒカリ」（28.1％）に「あきたこまち」（20.9％）が続いている。これら3品種が全体の80.0％を占めている。

- **コシヒカリ**　中山間地を中心に、一部平坦地でも栽培されている。収穫時期は8月中旬の極早生品種である。県内産「コシヒカリ」の食味ランキングはAである。
- **ヒノヒカリ**　平坦地から中山間地まで広く栽培されている。収穫時期は10月中旬の中生品種である。県内産「ヒノヒカリ」の食味ランキングは、特Aだった年もあるが、2016（平成28）年産はAだった。
- **あきたこまち**　平坦地、中山間地、肥沃な沖積土壌などで広く栽培されている。収穫時期は8月上旬〜中旬の極早生品種である。県内産「あきたこまち」の食味ランキングはAである。
- **にこまる**　平坦地で栽培されている。収穫時期は10月中旬の中生品種である。県内産「にこまる」の食味ランキングは、2016（平成28）年産で初めて特Aに輝いた。

もち米

（必須銘柄）なし

（選択銘柄）クレナイモチ、モチミノリ

　もち米の作付面積の品種別比率は「クレナイモチ」が最も多く全体の48.4％を占め、「モチミノリ」（22.6％）が続いている。

- **クレナイモチ**　農林省（当時、現在は農研機構）が「ホウヨクと祝い糯のF1」と「コシヒカリ」を交配し、1974（昭和49）年に育成した。玄米は中粒である。栽培適地は、暖地平坦部から中山間地の地力中よう地

である。愛媛県、香川県で普及している。

醸造用米

（必須銘柄）しずく媛、山田錦
（選択銘柄）なし

- **しずく媛**（ひめ）　愛媛県が、酒造米の「松山三井」を突然変異で改良し、2007（平成19）年に育成した。菌糸の伸びも良好な麹が得られる。晩成種である。

知っておきたい雑穀

❶小麦

　小麦の作付面積、収穫量の全国順位はともに27位である。主産地は県内作付面積の79.8％を占める西予市である。これに今治市、四国中央市、大洲市などが続いている。

❷はだか麦

　はだか麦の作付面積の全国シェアは35.1％、収穫量は36.1％でともに全国一である。作付面積では1986（昭和61）年以降、収穫量では87（同62）年以降、連続して日本一である。愛媛県の麦類のほぼ9割ははだか麦である。栽培品種は「マンネンボシ」などである。市町村別の作付面積では、西条市が全体の51.8％と半分を超え、松前町（13.7％）、東温市（13.4％）、今治市（8.4％）、松山市（5.7％）などと続いている。みそ、麦茶、焼酎の原料や、主食用などに使われている。

❸キビ

　キビの作付面積の全国順位は15位である。収穫量は四捨五入すると1トンに満たず統計上はゼロで、全国順位は不明である。統計によると、愛媛県でキビを栽培しているのは久万高原町だけである。

❹エン麦

　エン麦の作付面積の全国順位は岩手県、愛知県に次いで3位である。収穫量は四捨五入すると1トンに満たず統計上はゼロで、全国順位は不明である。統計によると、愛媛県でエン麦を栽培しているのは大洲市だけである。

❺モロコシ

モロコシの作付面積の全国順位は4位である。収穫量は四捨五入すると1トンに満たず統計上はゼロで、全国順位は不明である。

統計によると、愛媛県でモロコシを栽培しているのは久万高原町だけである。

❻そば

そばの作付面積の全国順位は38位、収穫量は36位である。産地は西予市、内子町などである。栽培品種は「在来早生」「在来種」「祖谷在来」などである。

❼大豆

大豆の作付面積の全国順位は32位、収穫量は31位である。主産地は西条市、西予市、宇和島市、大洲市、伊予市などである。栽培品種は「フクユタカ」「丹波黒」「ういろう豆」などである。

❽小豆

小豆の作付面積の全国順位は31位、収穫量の全国順位は30位である。主産地は久万高原町、西予市、大洲市、内子町などである。

コメ・雑穀関連施設

- **道前道後用水**（西条市、松山市など）　石槌山脈南面の面河渓谷一帯に降った雨水を久万高原町の面河ダムに貯留し、それを四国山脈の山並みにトンネルを掘り、道前平野と道後平野に導いている。山並みを越えて架かる水の連なりのため、「虹の用水」とよばれている。工事はいずれも国営事業として2度行われ、最初の工事は1967（昭和42）年度に完工した。後の工事は最初の事業の改修のほか、志河川ダムなどが新設され、2010（平成22）年度に完工した。

- **通谷池**（砥部町）　久万高原町の面河ダムからの農業用水を貯え、それ以前に完工した赤坂泉の用水と合わせ、砥部町と伊予市の田畑1,250 ha を潤している石槌山麓のため池である。通谷池は1793（寛政5）年に、当時の宮内村と麻生村の共有というかたちで築造された。

- **赤蔵ヶ池**（久万高原町）　標高870 m の雑木林に囲まれたため池で、同町沢渡地区の田畑13 ha の水源になっている。この水を使って特別栽培米の「久万清流米」などを生産している。築造の時期は定かではないが、

平安時代後期の1151（仁平元）年頃にはその原形があったとされる。湖面は深い紺碧である。

- **大谷池**（伊予市）　貯水量175万トンで愛媛県では最大のため池である。同市平野部の田畑838haに農業用水を供給している。大谷池のある旧伊予村は降雨が少なく、干ばつに悩まされてきた。当時の武智惣五郎村長は農民の窮状を見かねて池の掘削を決意し、1945（昭和20）年に完成させた。工事には延べ37万3,000人が従事した。

- **堀江新池**（松山市）　江戸時代後期の庄屋、門屋一郎次が築造し、1835（天保6）年に完成した松山市最大のため池である。池のできた旧堀江村は田畑の水は河川水を利用していたが不足しがちであり、数年おきに干ばつによる被害を受けていた。大雨のときの波立ちで堤体が壊されるのを防止するため、池の中ほどに中土手の波止場を設けている。

- **宇和米博物館**（西予市）　西予市宇和町は愛媛県における米どころの一つである。旧博物館は、旧宇和町小学校の校舎を移築したものだったが、リノベーションして2017（平成29）年に新博物館が開業した。約80種類の稲の実物標本や同地方で使われていた農耕具などを展示している。

コメ・雑穀の特色ある料理

- **ひゅうがめし**　アジなど小魚の身を、しょうゆ、いりごま、みりんなどにつけて生卵を加え、熱いごはんにかけて豪快に食べる。新鮮さが売り物のため、火を使わずに、手早く調理するのがコツである。伊予水軍が日向（現在の宮崎県）からこの食べ方を持ち帰ったとされる。

- **鯛めし**　愛媛県の真ダイの生産量は全国でもトップクラスである。鯛めしは、この瀬戸内海で育ったタイを一尾丸ごとコメと一緒に炊き込む。木の芽やミツバなどを加えることもある。神功皇后が朝鮮出兵の途中、鹿島明神に戦勝祈願した際、漁師から献上されたタイをごはんに炊いて供えたという言い伝えがある。

- **宇和島鯛めし**（宇和島市）　同じ鯛めしでも、宇和島鯛めしは炊き込みでなく、ひゅうがめしに近い調理を行う。宇和海で獲れたタイの切り身を、ワカメ、卵、ごまを、独特のたれとともにかき混ぜながら、熱いごはんにかけて食べる。宇和海で活躍した水軍の船上での魚の新鮮さを生かした料理が起こりである。

- **タコめし**　好物のエビ、カニ、貝類が多い瀬戸内海に生息するタコをぶつ切りにしてご飯に炊き込む。地元の漁師が船上で獲れたてのタコを使って炊いたのが始まりである。春先に出る200〜400gの小さな「木の芽ダコ」にこだわるファンもいる。

コメと伝統文化の例

- **実盛送り**（さねもり）（西予市）　西予市城川町の田穂・魚成地区で行われる伝統の虫送り行事である。実盛送りは、稲に足をとられて敵に討たれて害虫となったとされる平安末期の武将、斎藤別当実盛の霊を鎮めるために始まった行事で300年以上前から続く。住民らは害虫退散と五穀豊穣を祈願し、実盛の人形を掲げて念仏を唱えながらあぜを進み、最後に人形を黒瀬川の河原に置く。それが、大水で流された年は豊作になるという。開催日は毎年6月最後の日曜日。

- **お供馬の走りこみ**（今治市）　五穀豊穣などを祈願する加茂神社の菊間祭で約500年前から行われている。正装された馬に、祭り用の蔵や装身具をつけた6〜15歳くらいの子どもが「乗子」（のりこ）となって乗り、約300mの神社の参道を一気に駆け抜ける。開催日は10月の第3日曜日。

- **虫送り**（今治市）　今治市伯方町北浦地区の虫送りは、地元の善福寺での祈祷から始まる。参加者は車座になって、鉦（かね）、太鼓に合わせて、長さ10mの数珠を回し、五穀豊穣を祈る。その後、アシでつくった長さ1.5m程度の小舟「豊年丸」に害虫や野菜などを乗せて地区内を巡回し、北浦港から海に流す。開催は6月。

- **どろんこ祭り**（西予市）　田植えが終わったことに感謝し、五穀豊穣などを祈って西予市城川町の三島神社の神田で行われる。御田植祭りともよばれる。勇壮な代かきで始まり、若者たちが繰り広げるどろんこ活劇「畦豆植え」、早乙女（さおとめ）の手踊り・田植えなどが続く。開催日は毎年7月第1日曜日。

- **大山祇神社抜穂祭**（おおやまつみ）（今治市）　一力山が目に見えない稲の精霊と相撲をとる一人角力（ひとりずもう）が大三島の同神社に奉納される。3番勝負を行い、2勝1負で精霊が勝つ。600年以上続く収穫祭で、新穀祭ともよばれる。愛媛県の無形民俗文化財に指定されている。開催日は毎年旧暦9月9日。

こなもの

タルト

地域の特色

　四国の北西部に位置する県である。北部は瀬戸内海、西部は豊後水道に面し、大部分は、四国山地となっている。かつての伊予国の全域を占める。北部に高縄半島、西部には豊後水道に向かって佐田岬半島が突き出ている。県庁所在地の松山市は愛媛県の中部に位置し、瀬戸内海の伊予灘に臨み、近世には久松氏15万石の城下町だった。また水産練り製品の製造や魚の養殖で盛んな宇和島市は伊達氏の城下町であった。

　全体に山がちで、南部は山地が海に迫り、沿岸はリアス式海岸を形成している。気候は温暖で、冬の日照時間も長い。とくに、宇和海沿岸は温暖である。山がちのため、開発の進行度合いは速くなかった。

食の歴史と文化

　山がちで温暖な気候ため、南予地方の段々畑では、果樹の栽培が盛んである。とくに、温州みかんをはじめとする各種のかんきつ類栽培は盛んである。

　漁業では宇和海沿岸ではブリやマダイの養殖が盛んに行われている。佐田岬沖を流れる豊後水道で漁獲されるマサバやマアジは、九州・大分の関リバ、関アジと同じ海域で漁獲されることから、岬サバ、岬アジとして市場に出荷されている。

　伝統野菜では、伊予緋かぶ、清水一寸ソラマメ、うすい豆、女早生（サトイモ）、松山ナス、その他の野菜がある。「伊予緋かぶ」は、松山藩主久松氏の時代に滋賀県から取り寄せたカブの種子を栽培したのが始まりとの説や、藩主・蒲生忠知のときに栽培したのが始まりなどの説がある。

　郷土料理には、大皿に一尾まるごと煮付けたマダイと素麺をのせた「鯛めん」がある。祝い事に欠かせない料理である。「五色そうめん」という名物がある。ヤマノイモの白、鶏卵の黄色、梅肉の赤、抹茶の緑、そばの

茶色の五色で彩った素麺である。江戸時代中期の享保年間（1716〜36）に、藩主から中御門天皇（1701〜37、114代天皇）に献上したといわれている。また、「福めん」は、大皿にコンニャクの刺身を盛り、上に魚のそぼろや入り卵を盛り付けたもので、宇和島地方の祝い事に作る。

愛媛県の銘菓には「タルト」がある。半生の菓子である。ポルトガル語のタルタ（taart）に由来する名前で、小麦粉に、砂糖、卵を混ぜあわせたカステラ生地を焼いた半生の菓子で、ユズの香りが特徴である。

知っておきたい郷土料理

だんご・まんじゅう類

①ゆでもち

サツマイモの粉で平たく作っただんご。豊後水道の突端の宇和郡の漁村では、こなもので一番利用頻度の大きいのは、サツマイモの粉である。

サツマイモの粉を練ってだんごの硬さになるまで練り、適当な大きさにちぎって平たく丸めて茹でて、麦の入った粉か黄色の粉（黄な粉など）をまぶす。サルや人形の形にして茹でることもある。秋にサツマイモを収穫し、切り干しにして保存し、春先に製粉する。

②とりつけ団子

盆や七夕、たのもさ（旧暦8月1日に豊作を祈る行事）、お月見に作るだんごで、米粉や小麦粉で作るだんごで、餡をまぶして食べる。

粉は熱湯で練り、よく捏ねてだんごにし、熱湯に入れて茹でる。浮き上がっただんごは、砂糖入りの小豆餡をまぶして食べる。

③草もち

重曹の入った湯でアクを抜き、緑色を発色させたヨモギを入れただんご。雛祭りに作るだんご。端午の節句には、サルトリイバラの葉で包んで「しばもち」を作る。

④練りもち

日常の間食として簡単に作る粉もちである。うるち米の粉にヨモギを入れて練り合わせた生地を作る。この生地で餡を入れて包む。粉もちには黄な粉をまぶす。

⑤りんまん

　3月の雛祭りには米粉に砂糖と醤油を入れて蒸して作る醤油もちと、うるち米の粉にかたくり粉を入れた粉もちの生地で作る「りんまん」がある。この生地で餡を包み、赤・青・黄に着色した米で粉もちの上を飾り、蒸し上げる。蒸した粉もちは、冷ますと「りんまん」につやがでる。雛祭りには、雛壇に供える。

⑥タルト

　小麦粉・砂糖・卵を混ぜて、水を加えて練った生地を焼いたカステラ生地で、伊予特産の柚子入りの小豆餡を巻いたものである。柚子の香りが口いっぱいに広がる爽やかさがあり、松山だけに残る南蛮菓子。松山藩主・松平定行が、江戸時代前期の寛永12（1635）年に、長崎に出かけた時に、ポルトガル人から教えられた菓子を、松平家の銘菓として伝えたものである。明治時代になり、庶民も食べられるようになる。タルトの名は、ポルトガル語のタルタ（taart）に由来する。松山のタルトの名の由来は、洋菓子のタルト（パイ生地にクリームや果物をのせたもの）と同じ意味である。製造元の「一六本舗」の創業は明治16（1883）年である。洋風の菓子に使う材料は使っていないのが特徴の菓子である。

⑦月窓餅 <ruby>月窓餅<rt>げっそうもち</rt></ruby>

　本ワラビ粉を原料とした餅で漉し餡を包み、青大豆の黄な粉をまぶした、小さな和菓子。菓子の名は愛媛県西部の<ruby>大洲<rt>おおず</rt></ruby>藩2代藩主・加藤泰興（1611～78、槍術の名人）の号に因んで名付けられたものである。口の中で軟らかな餅の食感と青大豆の風味が合う。大洲市で、380年以上もの歴史のある「村田<ruby>文福<rt>ぶんぷく</rt></ruby>老舗」に伝わる銘菓。

⑧鶏卵饅頭

　寛政2（1790）年に創業した「鶏卵饅頭　一笑堂」で発売した饅頭で、今治の中心地に店を構えている。銘菓「鶏卵饅頭」は、水を使わず卵だけで練った生地で、漉し餡を包み蒸した菓子。直径は2cmほどの大きさで、一口で数個は頬張ることができる。今治藩御用達の頃は大手饅頭とよばれていた。鶏卵饅頭に「巴」型の焼き印を両面に押したものが「焼鶏卵饅頭」とよんでいる。

お焼き・焼きおやつ・お好み焼き・たこ焼き類

①ほうろく焼き

　小麦粉に砂糖を混ぜ、水を加えてどろどろに捏ねる。これを、火にかけたほうろくに流し入れ、こんがり焼く。農作業の間食に用意する。

②あん巻き

　土居町での身内の集まりのときに用意するおやつ。小麦粉に卵、砂糖を混ぜ、水を加えて薄い濃度の生地にする。これをほうろくで薄い皮に焼き上げる。この皮で小豆餡を包み、熱いうちに食べる。

麺類の特色　　愛媛の名物の「五色そうめん」は、素麺の製造元「五志喜」に由来する。現在は、白地のそうめん、鶏卵（黄）、抹茶（緑）、梅肉（赤）、そば粉（茶）のそれぞれの色は、食品のもつ色素を活かしたものである。

めんの郷土料理

①鯛めんの姿身

　「鯛めん」は「対面」にちなんで松山藩の接待料理にヒントを得たものである。五色そうめんと小鯛の浜焼きを盛り合わせた豪華な料理。

②手打ちうどん（玉川町）

　手打ちうどんを使って、うどんの釜揚げ、油揚げやネギを入れた煮込みうどんを作る。

▶ 国産キウイ市場で占有率1位

くだもの

地勢と気候

　愛媛県は、四国の北西部に位置し、北は瀬戸内海、西は宇和海に面し、南は西日本最高峰の石鎚山や四国カルストから成る四国山脈に続いている。東西に走る中央構造線を境にして、北側の沿岸部は平野が多く、南側は山地や盆地が多い。海岸線は1,633kmで、全国5位の長さである。リアス式海岸の入り江でできた天然の良港も多い。

　気候は、全体としては降水量が比較的少なく、晴天が多いなど穏やかである。ただ、冬の北西の季節風は、瀬戸内海側の中予では中国山地が風をさえぎるため弱く、豊後水道に面した南予では関門海峡を吹き抜けてくるため強くなる。東予東部では、台風や低気圧が日本海を通過するときに「やまじ風」とよばれる南寄りの風が吹き、農作物などに被害をもたらすことがある。春から梅雨期にかけては瀬戸内海を中心に濃霧が発生することもある。

知っておきたい果物

ミカン

　ミカンの栽培面積、収穫量の全国順位はともに和歌山県に次いで2位である。

　主産地は八幡浜市、宇和島市、今治市、松山市、西予市などである。出荷時期はハウスミカンが6月上旬〜9月下旬、極早生ミカンが10月上旬〜下旬、早生ミカンが10月下旬〜2月上旬、普通ミカンが11月下旬〜1月下旬頃である。

　JAにしうわは「西宇和みかん」「真穴みかん」の二つの地域ブランドを登録している。前者は、八幡浜市、西宇和郡、西予市三瓶町産を対象にしている。JAにしうわ管内の選果場10か所から出荷されるミカンの総称でもある。気象条件や土壌に恵まれたこの地域では100年以上にわたってミカンの生産が続いている。

後者は、前者の「西宇和みかん」の一つである。八幡浜市の真網代と穴井産のミカンだけを対象にしている。過去に品評会などで好成績をおさめている。

伊予カン

　伊予カンの栽培面積は全国の88.1%、収穫量は90.8%を占め、圧倒的である。主産地は松山市で、八幡浜市、今治市、宇和島市などでもかなり生産している。出荷時期は12月下旬〜4月上旬頃である。

　JA全農えひめは、毎年1月に東京・文京区の湯島天神境内で「伊予カン＝いい予感」をキャッチフレーズに、合格祈願の参拝者に愛媛産の伊予カンを無料で配布している。「合格まで風邪をひかずにがんばって」と受験生を励ます恒例の行事である。

キウイ

　キウイの栽培面積、収穫量の全国順位はともに1位である。主産地は伊予市、松山市、西条市、大洲市、今治市などである。出荷時期は11月上旬〜5月上旬頃である。

ポンカン

　ポンカンの栽培面積は全国の29.3%、収穫量は35.1%を占め、ともに全国1位である。主産地は宇和島市、西予市、愛南町などである。出荷時期は12月中旬〜3月上旬頃である。

セトカ

　セトカの栽培面積は全国の75.4%、収穫量は71.4%を占め、ともに全国1位である。主産地は松山市、今治市、八幡浜市などである。出荷時期は2月下旬〜4月上旬頃である。

清見

　清見の栽培面積は全国の44.9%、収穫量は40.0%を占め、全国順位はともに1位である。

　主産地は八幡浜市、伊方町、西予市などである。出荷時期は2月下旬〜5月中旬頃である。

カワチバンカン

　カワチバンカンの栽培面積は全国の59.2%、収穫量は72.0%を占め、全国順位はともに1位である。

　主産地は愛南町、宇和島市、西予市などである。出荷時期は4月上旬〜6月下旬頃である。

アマクサ

　アマクサの栽培面積は全国の42.0%、収穫量は46.1%を占め、ともに全国1位である。主産地は松山市、今治市、伊方町などである。出荷時期は2月上旬〜下旬頃である。

カラ

カラの栽培面積は全国の65.4%、収穫量は65.0%を占め、ともに全国1位である。主産地は松山市、伊予市、今治市などである。出荷時期は4月上旬～5月下旬頃である。

ハレヒメ

ハレヒメの栽培面積は全国の78.2%、収穫量は74.2%を占め、ともに全国1位である。主産地は今治市、松山市、砥部町などである。出荷時期は12月中旬～1月下旬頃である。

タマミ

タマミの栽培面積は全国の83.1%、収穫量は74.7%を占め、ともに全国1位である。主産地は上島町、今治市などである。出荷時期は2月上旬～3月中旬頃である。

アンコール

アンコールの栽培面積は全国の64.5%、収穫量は70.5%を占め、ともに全国1位である。主産地は八幡浜市、松山市、西条市などである。出荷時期は2月下旬～4月下旬頃である。

ナツミ

ナツミの栽培面積は全国の53.6%、収穫量は40.3%を占め、ともに全国1位である。主産地は宇和島市、伊予市、今治市などである。出荷時期は4月上旬～5月下旬頃である。

不知火

デコポンである。不知火の栽培面積は全国の25.0%、収穫量は22.7%を占め、ともに熊本県に次いで2位である。主産地は八幡浜市、松山市、伊方町、今治市などである。出荷時期は12月上旬～5月中旬頃である。

レモン

レモンの栽培面積、収穫量の全国順位は、ともに広島県に次いで2位である。主産地は今治市、松山市、宇和島市などである。出荷時期は1月中旬～2月上旬、2月下旬～5月下旬、6月中旬、7月上旬～12月下旬頃である。

ハルカ

ハルカの栽培面積の全国順位は1位である。収穫量の全国順位は広島県に次いで2位である。主産地は松山市、宇和島市、西予市などである。出荷時期は3月上旬～下旬頃である。

ハルミ

ハルミの栽培面積の全国順位は1位である。収穫量の全国順位は広島県に次いで2位である。主産地は今治市、松山市、伊方町などである。出荷時期は2月上旬～下旬頃である。

オウゴンカン

オウゴンカンの栽培面積、収穫量の全国順位は、ともに神奈川県に続いて2位である。主産地は宇和島市、西予市などである。

カボス カボスの栽培面積、収穫量の全国順位は、ともに大分県に次いで2位である。主産地は松山市、今治市、愛南町などである。

ブンタン ブンタンの栽培面積、収穫量の全国順位は、ともに高知県、鹿児島県に次いで3位である。主産地は愛南町、宇和島市、上島町などである。出荷時期は2月中旬～4月下旬頃である。

ユズ ユズの栽培面積、収穫量の全国順位は、ともに高知県、徳島県に次いで3位である。主産地は鬼北町、松野町、西予市などである。出荷時期は10月下旬～12月中旬頃である。

ヒュウガナツ ヒュウガナツの栽培面積の全国順位は4位である。収穫量の全国順位は宮崎県、高知県に次いで3位である。主産地は西予市、八幡浜市、宇和島市などである。出荷時期は4月中旬～5月下旬頃である。

クリ クリの栽培面積の全国順位は13位、収穫量は3位である。栽培面積のうち、果実を収穫するために結実させた結果樹面積では3位であることを反映した結果である。主産地は大洲市、伊予市、内子町、西条市などである。出荷時期は8月中旬～10月下旬頃である。

伊予市中山町は、地質が砂地の結晶片岩で、水はけが良く、クリ栽培に適している。中山産クリの歴史は古く、江戸時代には大洲藩が3代将軍、徳川家光に献上したといわれている。伊予市中山町産のクリは「中山栗」として地域ブランドに指定されている。「中山栗」は大玉が多い。

ビワ ビワの栽培面積、収穫量の全国順位はともに4位である。主産地は伊予市で、松山市、宇和島市などでも生産している。出荷時期は5月中旬～7月上旬頃である。

ハッサク ハッサクの栽培面積、収穫量の全国順位は、ともに和歌山県、広島県に次いで3位である。主産地は今治市、宇和島市、上島町などである。

ネーブルオレンジ ネーブルオレンジの栽培面積、収穫量の全国順位は、ともに広島県、静岡県、和歌山県に次いで4位である。主産地は今治市、宇和島市、松山市、愛南町などである。

ギンナン ギンナンの栽培面積の全国順位は15位、収穫量は7位である。主産地は松山市、伊予市、大洲市などである。

カキ　カキの栽培面積、収穫量の全国順位はともに8位である。主産地は西条市、内子町、八幡浜市などである。出荷時期は9月下旬～12月下旬頃である。

スイカ　スイカの作付面積、収穫量の全国順位はともに15位である。主産地は大洲市、松山市、今治市などである。出荷時期は5月下旬～8月中旬頃である。

スモモ　スモモの栽培面積の全国順位は13位、収穫量は15位である。産地は西条市、伊方町などである。

桃　桃の栽培面積の全国順位は14位、収穫量は19位である。主産地は松山市で、今治市、内子町などでも生産している。

イチジク　イチジクの栽培面積の全国順位は17位、収穫量は20位である。主産地は新居浜市、松山市、四国中央市などである。

ウメ　ウメの栽培面積の全国順位は26位、収穫量は21位である。主産地は西条市、砥部町で、松野町などでも生産している。

ブルーベリー　ブルーベリーの栽培面積の全国順位は24位、収穫量は8位である。主産地は松山市、久万高原町、西条市などである。出荷時期は4月上旬～9月上旬頃である。

リンゴ　リンゴの栽培面積の全国順位は東京都と並んで25位である。収穫量の全国順位は29位である。

ブドウ　ブドウの栽培面積の全国順位は25位、収穫量は27位である。主産地は内子町、松山市、西予市などである。

日本ナシ　日本ナシの栽培面積の全国順位は31位、収穫量は35位である。主産地は大洲市などである。

紅まどんな　愛媛県果試第28号である。農林統計によると、主な生産地は愛媛県だけである。収穫量は1,257トンで、愛媛県におけるハッサクの収穫量をわずかに下回っている。主産地は松山市、伊予市、砥部町、今治市などである。出荷時期は11月下旬～12月下旬頃である。

カンペイ　漢字では甘平と書く。農林統計によると、主な生産地は愛媛県だけである。栽培面積は154.6 ha、収穫量は928.0トンである。主産地は今治市、松山市、宇和島市、八幡浜市などである。出荷時期は1月下旬～3月上旬頃である。

ブラッドオレンジ　タロッコともよぶ。農林統計によると、主な生産地は愛媛県である。収穫量では愛媛県が96.7%を占めている。主産地は宇和島市、八幡浜市、今治市などである。ブラッドオレンジはイタリア原産で高温に強く、地球温暖化に先手を打った動きである。

ポポー　農林統計によると、主な生産地は愛媛県だけである。栽培面積は0.5ha、収穫量は0.8トンである。主産地は大洲市などである。

ヒメノツキ　農林統計によると、主な生産地は愛媛県だけである。栽培面積は31.8ha、収穫量は200.0トンである。主産地は宇和島市、松山市、西予市、八幡浜市、今治市などである。出荷時期は2月上旬～3月下旬頃である。

アマカ　農林統計によると、主な生産地は愛媛県だけである。栽培面積は2.1ha、収穫量は14.5トンである。主産地は今治市、上島町、愛南町などである。

マリヒメ　農林統計によると、主な生産地は愛媛県だけである。栽培面積は54.7ha、収穫量は194.8トンである。主産地は松山市、宇和島市、今治市などである。

モロ　農林統計によると、主な生産地は愛媛県だけである。栽培面積は5.2ha、収穫量は18.3トンである。主産地は宇和島市などである。

ライム　農林統計によると、主な生産地は愛媛県だけである。栽培面積は2.8ha、収穫量は7.2トンである。主産地は松山市、上島町、今治市、宇和島市などである。

イチゴ　イチゴは東温市、西条市、西予市などで生産されている。出荷時期は10月中旬～6月上旬頃である。

メロン　メロンは西条市、大洲市などで生産されている。出荷時期は5月下旬～7月上旬頃である。

ナツミカン　主産地は伊方町、愛南町、宇和島市などである。アマナツカンの出荷時期は2月上旬～5月下旬頃である。

地元が提案する食べ方の例

白菜と金柑のサラダ（宇和島市食生活改善推進協議会）

　白菜の軸は縦の千切り、葉は食べやすい大きさに。キンカンは種を除き、

できるだけ薄く。白菜から水分が出るため、食べる直前にマヨネーズで和える。

栗ずし（中予地域の郷土料理）

すし飯とクリ、ニンジン、ゴボウ、シイタケ、カマボコなどを具に。クリは鬼皮と渋皮を取り、水にさらして使う。祭りや祝い事に欠かせない一品。

ミカンだんご（伊方町）

材料はだんご粉、もち粉、ミカンジュース、ニンジン、あんこ、きなこ。だんごの生地にミカンジュースと、すりおろしたニンジンを練り込む。あんを包み、きなこをまぶすとミカン色に。

みかん餅（宇和島市食生活改善推進協議会）

ミカンは皮ごとゆで、砂糖と塩を加えて木じゃくしでつぶしながら中火で煮る。あんは白あん。もち米の皮が自然のミカン色に染まり、風味豊かな餅に。

伊予柑マフィン（伊方町）

卵を混ぜ、グラニュー糖を加えて泡立て、薄力粉、ベーキングパウダー、溶かしバターを加える。伊予カンマーマレードとコアントローを加え、型に入れて強火の蒸し器で15〜20分蒸す。

消費者向け取り組み

●内子町観光農園　内子町

魚　食

地域の特性

四国の西北部に位置し、海岸線には瀬戸内海に面する地域と宇和海に面する地域がある。四国の西側から豊後水道に面した宇和海は、太平洋の黒潮が入り込んでいる。したがって、黒潮の影響を受けた海産物が豊富である。瀬戸内海・宇和海には約200の島々があり、釣りや養殖に適した海域が多い。マダイやハマチの養殖が盛んである。全体的に山がちであり、リアス式海岸の海岸線が多い。北部の瀬戸内海に面し、「しまなみ海道」の玄関口となっていて、漁獲する魚種も多い。

魚食の歴史と文化

愛媛県は、瀬戸内海での新鮮な魚介類が豊富なばかりでなく、宇和海でのハマチ・マダイ・ヒラメの養殖も盛んである。佐田岬に水揚げされるマサバ、マアジは岬サバ、岬アジのブランドで全国に流通している。加工品では、南予地域で漁獲されるハランボ、ホタルジャコ、ヒメジのすり身で作った「じゃこ天」は、宇和海特有の魚のうま味が閉じ込められたさつま揚げ風の加工品である。近年は、都内にある四国地方のアンテナショップでも購入できるので、都内でも人気の練り製品となっている。便利な液体や粉末のだしの素が開発される前の頃は、この地域のみそ汁のだしの材料には、カタクチイワシの煮干しが欠かせなかった。

知っておきたい伝統食品・郷土料理

愛媛県の特産品の「じゃこてん」は、小魚を原料としたもので「皮てん」ともいわれている。一種のさつま揚げに似た揚げ蒲鉾である。原料のホタルジャコ（ハランボともいわれている）を、頭と内臓を除いたほかは骨までミンチで細かくして使う。栄養成分としてのカルシウム不足が注目されるようになってから、カルシウムを多く含む揚げ蒲鉾として人気となって

いる。じゃこてんは、江戸時代の伊予宇和島藩の初代藩主・伊達秀宗（1591～1658）が、故郷仙台の職人をよんで故郷の味を偲んで作らせたといわれている。

タイ麺は、広島や大分にもある郷土料理である。祝い事や祭りに「めでたい」にあやかって作る料理として考案されたと思われる。タイ麺がいつ頃からつくられるようになったかは不明である。大きなタイ姿煮の上に波打つように素麺を盛り上げた料理は、あらゆる祝い事においてめでたいこと、あるいは人生の門出を祝う料理として各地で伝承されてきたのである。宇和島では「めんかけ」という麺料理もある。

地域の魚介類

早春にはワカメ・ウニ・アサリ・ヒメガイ・アナゴ・カレイ・マダイ・小エビの美味しい季節となる。夏にはタチウオ・マイワシ・シャコ・クルマエビ・マアジ・マダコが美味しい。秋から冬にかけては、マサバ・マダイ・ヒラメ・サメが美味しい。冬には、カタクチイワシが獲れる。この地方ではカタクチイワシをホタレといい、ダシを取るにはこの煮干しをよく使う。

宇和海沿岸の漁港に水揚げされる代表的魚介類には、佐田岬の岬サバと岬アジがある。そのほかに、マダイ（天然・養殖）、ハマチ（天然・養殖）、マアジ、マサバ、イワシ類、アオリイカ、コウイカ、エソなどがある。海面養殖の魚には、ハマチ、マダイ、スズキ、トラフグがある。アオサ（海藻）やカキの養殖も行っている。マダイの養殖は、水深30m以深の海域で行う方法も開発している。

注目されている魚介類には、マダイ（宇和海、愛鯛）、マハタ（宇和海）、ノリ・ハマチ（宇和海の戸島一番ブリ）、アナゴ（活媛アナゴ）、ヒオウギガイ（愛南ヒオウギ）、イシガキダイ（宇和海）、アワビ（ぼっちゃん島アワビ）などがある。

川魚では、アメノウオ・ウグイ・アユ・ハヤ・カワガニが利用されている。

伝統食品・郷土料理

①すし類

● いよずし　瀬戸内海で漁獲されるアナゴ・イカ・金糸卵・シイタケ・木

の芽を使った五目ずしである。
- 松山ずし　昔から松山では来客や祝いの日に作ったすし。瀬戸内海の小魚を散りばめた散らしずし。

②宇和島蒲鉾

　宇和島蒲鉾（板蒲鉾、竹輪、じゃこてん）は仙台の伊達秀宗が宇和島藩に移ったときに、仙台の蒲鉾の製法を伝えた。この方法を参考にして作った焼き蒲鉾である。じゃこてんの原料はホタルジャコで、板蒲鉾の原料はエソを素材としている。

③タイの料理

- タイの骨蒸し　タイの頭を2つに割り、昆布を敷き酒を振りかけて蒸しあげたもの。今治地方の料理である。
- たいめん　漆ぬりの大きな皿に煮付けたタイと五色ソーメン、金糸卵、薬味などをのせたもの。
- こうら焼き　「こうら」と呼ぶ素焼きの焙烙（ほうろく）で、タイなどの白身魚を直火で焼いたもの。
- 海賊めし　タイを姿のままご飯と一緒に炊き込んだもの。
- 海賊そうめん　茹でた素麺の上に煮ダイを置いたもの。

④カタクチイワシ料理

- ほたれ　セグロイワシのことで、刺身で食べる。あまりのもの美味しさで、頬が垂れてしまうので「ホタレ」の名がついた。

⑤エイ料理

- エイの骨蒸し　愛媛県の名物料理。エイの頭と豆腐・シイタケ・長ネギを、昆布ダシで蒸しあげ、ポン酢・洗いネギで賞味する。

⑥サメ（フカ）料理

- フカの切身の辛子味噌和え　塩湯で煮立てたサメの切身を冷水で洗ってから、短冊に切り、厚揚げと辛子味噌とともに和えたもの。

⑦生魚の食べ方

- サバ・アジの洗い　サバやアジを洗いにし、おろしニンニクを薬味にして、酢醤油か酢味噌で賞味する。
- カツオ・焼きアジの甘酢漬け　カツオや焼きアジは赤トウガラシの添加した甘酢に10日ほど漬け込んだものである。

⑧魚介類漬物

　アワビのはらわたの粕漬け、アマダイの麦味噌漬けは愛媛の名物である。

⑨川魚料理

- 素焼き　川魚は素焼きにし、熱い煎茶をかけて臭みを消して賞味する。この調理法は平安時代から行われていたと伝えられている。

肉　食

焼き豚玉子飯

▼松山市の1世帯当たりの食肉購入量の変化 (g)

年度	生鮮肉	牛肉	豚肉	鶏肉	その他の肉
2001	39,056	11,038	12,210	11,703	1,795
2006	40,672	9,157	13,754	12,265	2,034
2011	46,765	8,921	16,685	15,688	1,966

　愛媛県は瀬戸内海や宇和海に面し、温暖な気候の地域でかんきつ類や野菜類の栽培の盛んなところである。愛媛県宇和島市には闘牛場がある。鎌倉時代に宇和島の農民が農耕用の強いウシをつくるために、野原で角突き合わせしたのが宇和島の闘牛の始まりという説がある。もう一説は、17世紀後半に宇和海を漂流していたオランダ船を福浦の漁師が救助したところ、2頭のウシが贈られ、この2頭がたまたま格闘したことに起源があるとの言い伝えである。

　現在、宇和島では定期的に闘牛大会が行われている。役牛や闘牛用のウシだけでなく、農耕に役立つ丈夫なウシを育てること、肉牛の飼育へも発展していったと思われる。宇和島の夏には、「闘牛大会」だけではなく「牛鬼祭り」もあり、ウシとは深い縁のある地域である。

　また宇和島だけでなく、愛媛県は自然豊かな地域なのでウシの肥育や養豚に適している。愛媛県は「愛」の字がついた県なので、地産地消、食文化の継承、地域活性など「えひめ愛フード推進機構」を設立して活動している。近年話題になっているジビエも愛媛県の活性のヒントとして結び付けられたいところである。

　各年度の松山市の1世帯当たりの生鮮肉の購入量は、四国地方の全体の1世帯当たりの購入量より多い。生鮮肉の中でも豚肉の購入量は各年度とも多い。2011年度の豚肉の購入量は四国地方全体の1世帯当たりや徳島市の購入量より多い。

　上記「家計調査」を資料として1世帯当たりの生鮮肉の購入量に対する各食肉の購入量の割合を算出したところ、豚肉と鶏肉については約30％の

購入量である。価格の安い鶏肉や豚肉を合わせた約60%の食肉が、生鮮肉として購入されていると推測できる。

知っておきたい牛肉と郷土料理

銘柄牛の種類

❶伊予麦酒牛（いよびーるぎゅう）

品種は交雑種とホルスタイン種。伊予麦酒牛生産農場連絡協議会が生産者。交雑種は28〜30か月齢、ホルスタイン種は24〜72か月で出荷。穀物と牧草をブレンドした飼料を投与。脂肪層はおいしく軟らかい肉質。

「えひめ愛フード推進機構」の計画として愛媛銘柄牛の開発があった。この企画に賛同し、8畜産会社が安心・安全にこだわり、発酵ビール粕や穀物を材料として配合した飼料を給与して飼育している黒毛和種である。発酵ビールの粕に含まれている微生物が健康なウシを作り上げるのに役立っているにちがいない。

❷伊予牛絹（いよぎゅうきぬ）

JA愛媛が瀬戸内海の温暖な気候の恩恵を受けた愛媛県で飼育している黒毛和種。肉質は軟らかく、まろやかな食感がある。牛肉のもつ本来のうま味をもっていて、「絹の味」にふさわしい特別な美味しさをもつ。

❸いしづち牛

昔ながらの伝統的な飼料（自家製配合飼料と稲わらからなる飼料）で飼育している黒毛和種。安全で、脂肪の美味しい肉質をもっている。

❹ヘルシー牛

愛媛県の農林水産研究所センター（西予市）では人工授精や受精卵移植技術を使って、「赤身多くヘルシー」の肉牛の開発を進めている。

牛肉料理

- 牛肉100%のハンバーグ　地元では、愛媛の銘柄牛100%にタマネギを混ぜたハンバーグを薦めるようである。
- 鉄板焼き　牛肉の料理はステーキ、しゃぶしゃぶ、すき焼きなどがあるが、庶民的な鉄板焼きが地元の人の薦める料理。
- 串焼き　愛媛県の串焼きの肉は牛肉が多い。モツも牛肉のものを使う。

銘柄豚の種類

❶愛媛甘とろ豚

　愛媛県「えひめ愛フード推進機構」の関連事業で、愛媛県畜産研究センターが高級肉質を誇りとする中ヨークシャーを父とし、愛媛県が独自に開発した銘柄豚。中ヨークシャー。愛媛県産裸麦を配合した専用飼料を給与して飼育している。肉質の特徴は、サシの入る量は口腔内での溶け具合がよくしつこさを感じない。赤身の肉色は濃く、ジューシーで甘い。脂質を構成する脂肪酸組成としては、餌にオレイン酸を加えているのでオレイン酸が多い。愛媛県のストレスの無い地域でのびのびと、厳重な衛生管理のもとで飼育している。

❷ふれ愛（あい）・媛（ひめ）ポーク

　「えひめ愛フード推進機構」の関連事業として開発した愛媛県独自の銘柄豚。種豚は愛媛県が指定する種豚場から供給されるハイコープ豚を利用した三元豚（LWD）。肉質の特徴は、種豚の特徴を最大限に生かしたうま味と締まりがあり、きめ細かく、あっさりした味をもつ。国際的品質基準の「ISO9001」の施設の中で衛生的に飼育している。

　ハイポー豚と交配した銘柄豚には、「クイーンズハイポー豚」（八幡市）がある。ネッカ豚という銘柄豚もある。

豚肉料理

- **焼豚玉子飯（やきぶたたまごめし）**　今治市の名物料理で、B級グルメの一品。もともとは、今治市内の中華料理店の賄ご飯だった。安価で満腹になることから学生や若者に人気となった料理。ご飯に薄く切った焼豚か煮豚をのせ、さらに半熟の目玉焼きをのせ、焼豚のタレで味付けた丼もの。今治市内では、家庭料理として普及していて、各家庭により豚肉の味付けや玉子料理に若干の違いがある。

知っておきたい鶏肉と郷土料理

❶媛っこ地鶏

2002（平成14）年に愛媛県養鶏試験所が開発した肉用鶏で、4種類の鶏（ロードアイランドレッド、名古屋種、シャモ、白色プリマスロック）の交配種。適度な歯ごたえと、ほどよい脂肪含有量のバランスがよい。媛っこ地鶏振興協議会が普及に取り組んでいて、県内各地に生産者は20軒ほどである。愛媛県の料理店が「おもてなし料理」の鶏料理の食材として使っている。

- **いもたき** 大洲市や南予地方の秋祭りには、芋の収穫を祝い、河原に大勢集まり、サトイモ、ゴボウなどの野菜類の中に鶏肉を入れた鍋料理を作り、食べて地域のコミュニケーションを図る。愛媛県の郷土料理の一つ。

知っておきたいその他の肉と郷土料理・ジビエ料理

愛南町の鳥獣類対策

愛南町は野生の鳥獣類により農家の野菜類が被害を受けている。町として野生の鳥獣類による被害から守る対策に取り組んでいる。その一つが捕獲したイノシシやシカの食用化。有効利用のためのジビエ料理のレシピを集めている。

松野町の取り組み

松野町は、イノシシやシカの有効利用と観光PRに結びつけた町の活性化として、ジビエ料理を提案した。松野町には滑床渓谷という観光のPRとなる絶景があるので、「四国ジビエ連携」を発足し、松野町が先進的に取り組んでいる。料理としてはフランス料理やイタリア料理の中のジビエ料理が提案されている（NHK松山放送局でも「町おこし」として紹介している）。

- **ほろほろ鳥料理** ほろほろ鳥（飼育しているものか天然のものかは明らかでない）の料理を提供する店がある。

地 鶏

▼松山市の 1 世帯当たり年間鶏肉・鶏卵購入量

種　類	生鮮肉 (g)	鶏肉 (g)	やきとり (円)	鶏卵 (g)
2000 年	43,582	12,669	1,751	39,582
2005 年	40,147	12,169	1,778	37,915
2010 年	42,443	13,997	1,364	36,933

　愛媛県の銘柄食肉関係では、「愛媛甘とろ豚」と「媛っこ地鶏」がよく知られている。甘とろ豚は中ヨークシャー種を種豚とし、やわらかな肉質とジューシーな赤身、美味しい脂身の美味しい豚である。媛っ子地鶏は、四元交配の愛媛特有の地鶏。みかん畑に囲まれたストレスのないところで飼育した鶏である。その他の地鶏・銘柄鶏には、伊予赤どり（生産者：JA えひめフレッシュフーズ）、伊予路しゃも、浜千鶏がある。平飼いでストレスをあたえないように飼育し、飼料はそれぞれの生産者が工夫、開発したものを投与している。

　2000年、2005年、2010年の松山市の 1 世帯当たりの生鮮肉、鶏肉の購入量は、2000年よりも 2005年が少なく、2005年よりも 2010年が多い。しかし、松山市の家庭の生鮮肉、鶏肉の購入量は、四国圏内では最も多い。鶏卵の購入量も 200年よりも 2005年が少なく、2005年よりも 2010年が多い。鶏卵の購入量は、四国圏内では最も多い（全国でも 2 位になる程）。

　松山市の 1 世帯当たりのやきとりの購入金額は2000年から2005年、2005年から2010年へと減少している。やきとりの購入金額は高知市に比べれば少ない。

知っておきたい鶏肉、卵を使った料理

●今治焼き鳥　今治焼き鳥は、串に刺さないで鉄板で焼くことが特長の焼き鳥。鉄板焼は、焼きに加えて、蒸す、揚げるという要素が加わり、味のバラエティーが広がる。とくに鉄板で焼く "鳥皮" は絶品。今治は、造船業が盛んで鉄板加工には不自由しなかった。造船やタオル製造の労

働者にとって"鉄板焼き鳥"は、安くて美味しくて胃袋を満たしてくれると爆発的な人気をよんだ。今治市は、北海道の美唄市、室蘭市、福島県福島市、埼玉県東松山市、山口県長門市、福岡県久留米市とともに"日本七大やきとりの街"といわれている。

- **せんざんぎ**　鶏のから揚げのルーツといわれる料理。骨付きの鶏肉に下味を付けてから揚げにする。名前は「鶏肉を小さく千個に切るので"千斬切り"」に由来するとする説と、「昔、近見山の雉肉を使ったので"せん山雉"」とする説、「千さんが考案した雉料理の"千さん雉"」とする説、「中国料理の骨付き肉のから揚げ"軟炸鶏（エンザーチ）"」とする説などがある。
- **ざんぎ**　新居浜市で提供される鳥のから揚げの別称で、今治の"せんざんぎ"が語源とも、製塩で交流のあった北海道が語源ともいわれている。
- **焼豚玉子飯**　今治市内の中華料理屋のまかない料理として40年前に生まれ、現在は市内の60店で提供されているご当地グルメ。各店ごとに焼豚の部位や味の工夫があるが、基本は、スライスした煮豚と半熟の目玉焼き（二個玉）を、丼ではなくて、平皿のご飯の上に載せ、甘辛の煮豚のたれを掛けてつくる。
- **揚げ足鳥**　四国中央市、骨付きの鳥もも肉を一本そのまま揚げた料理。旧川之江市の屋台で提供されていた。味付けはガーリック風味が多い。
- **岩石卵**　ゆで卵を白身と黄身に分け、白身は粗く刻み、黄身は裏ごしし、両方を砂糖と塩で味付けして合わせ、型に入れて蒸し固めた黄色と白が美しい料理で、桃の節句に作られる。
- **二重巻き**　かんぴょうやごぼう、ちくわなどの具を海苔で巻いた太巻きを、さらに薄焼き玉子で巻いた巻き寿司。お花見の弁当などに使われる。

卵を使った菓子

- **タルト**　愛媛県松山市の郷土菓子。江戸時代前期の初代松山藩主松平定行が、長崎で食したポルトガル菓子が気に入り、柚子の香りのするこし餡を、やわらかいカステラ生地でロール状に巻いたのがタルトの始まりといわれる。カットすると包んだ餡が"の"の字を描く。タルトの名は、ポルトガル語のタルタ（taart）に由来し、一般の果物やジャムなどを載せて焼いたパイ菓子のフルーツタルトと同じ語源だが、外観はパイ生

地とスポンジ巻でかなり異なる。

- **鶏卵饅頭**　今治の銘菓。タルトとともに愛媛を代表する和菓子。水を使わず卵だけで小麦粉と砂糖を練った生地で、漉し餡を包んだ蒸し菓子。普通の饅頭より小さく直径2cmほどで、一口で数個頬張ることができる。"鶏卵饅頭"に「巴」の焼印を両面に押したものが"焼鶏卵饅頭"。1790（寛政2）年創業の一笑堂が作る。

- **母恵夢**　地元で長年愛されている銘菓。"母恵夢"は、戦後復興の時代1950（昭和25）年に西洋の香りがする上品な和菓子として"バター万十"という名で誕生した。今の名前に替えたのは、フランス帰りの画家が「ポエムの味、ポエムの香りがする」と絶賛したことによる。卵黄たっぷりの黄身餡を、小麦粉と卵、バターの口溶けの良い皮で包んで、側面の綺麗な卵色を残しつつ天面はきつね色に焼き上げたお菓子。

地　鶏

- **伊予路しゃも**　地鶏。体重：平均2,400g。脂肪分が少なくヘルシーで、かしわ肉独特の風味と歯ごたえがある。強健なので果樹園や遊休地での放し飼いに適している。飼養期間は平均120日と長い。県の養鶏研究所が、軍鶏の雄に、ロードアイランドレッドと名古屋コーチンを交配した雌を掛け合わせて開発。愛媛県養鶏研究所が生産する。

- **媛っこ地鶏**　体重：平均2,800g。専用飼料に蜂蜜やバター、地元産のシラスやちりめんじゃこなどを加えて飼育。県の養鶏研究所が、美味しい鶏肉をお手頃価格で提供するために、軍鶏とロードアイランドレッド、名古屋コーチンを交配した雌（伊予路しゃもの雌）に、白色プリマスロックの雄を掛け合わせて作出した。ストレスをかけずにそれぞれの鶏の長所を凝集させた歯ごたえが特長で、幅広い年齢層に好評を得ている。平飼い、もしくは放し飼いで飼養期間は80日以上150日。媛っこ地鶏振興協議会が生産する。

- **奥伊予地鶏**　体重：平均3,000g。むね肉ともも肉はともに筋肉がキメ細やかで、ぱさつきがなくジューシーな肉質。レッドコーニッシュの雄とロードアイランドレッドの雌を交配したはやま地鶏を掛け合わせる。平飼いで飼養期間は平均85日。ビージョイや奥伊予ブロイラーが生産する。

- **道後地鶏**　体重：平均3,000g。横斑プリマスロックの雄と白色プリマス

ロックの雌を交配した、羽色の縞模様が綺麗な卵肉兼用種。平飼いで飼養期間は平均105日と長い。肉質は適度なしまりと地鶏の旨味が多いので、焼き物、煮物、鍋に適する。工藤舎が生産する。

銘柄鶏

● 浜千鶏　体重：平均2,900g。自然と共存できる畜産にこだわり、有効土壌微生物群を給与し、ストレスのない快適な畜舎環境の中で健康的に飼育。鶏特有の臭みがなくあっさりとした美味しさ。平飼いで飼育期間は平均60日。鶏種はチャンキー。愛媛マルハが生産する。

たまご

● 媛そだち　専用飼料に愛媛県産のみかんの果皮を加えた飼料で産まれた卵。鮮やかな"みかん色"の黄身が特長。自社の衛生検査センターの専門スタッフが毎日卵質と細菌検査を実施。JAえひめフレッシュフーズが販売する。

● 媛っ子みかんたまご　専用飼料に愛媛県産のみかんの果皮を加えた飼料で産まれた卵。ビタミンEは普通の卵の7倍、果皮由来のβ-クリプトキサンチンも多い。鮮やかな"みかん色"の黄身も特長。東予養鶏が生産する。

県鳥

コマドリ、駒鳥（ツグミ科）　夏鳥、英名Japanese Robin。首から頭部が橙色の地味だが綺麗な小鳥。名前は、鳴き声「ヒンカラカラカラ」が、馬のいななきに似ているので駒鳥とよばれる。鳴声は美しく、ウグイス、オオルリとともに日本三名鳥といわれる。石鎚山系に多数生息している。奈良県も県鳥に指定。

汁　物

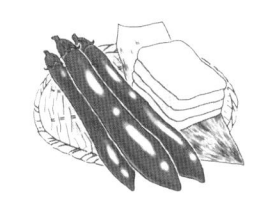

汁物と地域の食文化

　愛媛県の前身である伊予国は、古代には北九州の文化と大和や京都の貴族や寺院の文化を同時に受け入れた経緯から、特定の文化にこだわることなく、多様な文化を取り入れた。愛媛県の宇和島の練り製品は、本州のものとはやや違った、表面にしわがある蒲鉾や、雑魚をつかった薩摩揚げの「じゃこてん」など独特のものを生み出している。ダシには「いりこ」（煮干し）にこだわり、食肉では牛肉にこだわるなど、こだわりをもっているところもある。

　一方、かんきつ類では、ハウス栽培の温州ミカンを他の地域より早い時期に市場に出すなど、新種のみかん類を、毎年世間市場に提供するなど新しいものの開発も熱心である。

　愛媛県の伊予地方では「伊予醤油」をつくる。その絞り粕を五斗味噌（大豆・糠・コメ麹・酒粕・塩を1斗ずつ混ぜた味噌）というが、伊予地方の五斗味噌は伊予醤油の搾り粕をいう。この五斗味噌で作った薄味の味噌汁を「五斗味噌汁」といい、ユズの皮や胡麻も混ぜる。

　愛媛県は、天然マダイの漁獲も多いが、養殖マダイの生産量も多く、関東地区より西の地域の流通が多い。愛媛県にはマダイを材料とした料理も多い。汁物に属するものには「鯛麺」がある。「めんかけ」ともいわれる伊予の名物料理で、祝い事に作られることが多い。朱塗りの大皿に煮つけたマダイ、五色そうめん、金糸卵、刻みネギ、ユズを盛り付け、つけ汁をつけて食べる。汁物には属さないかもしれないが、汁をつけて食べるので、ここに紹介した。魚介類の入っただんご汁のようなものに、今治市の郷土料理の「めぶとのだんご汁」がある。

汁物の種類と特色

　かんきつ類の栽培が盛んであると同時に、毎年、新しい品種のかんきつ

類が登場してくる。江戸時代に松山に持ち込まれて品種改良した「伊予緋カブ」の橙酢の漬物は郷土料理として知られている。郷土料理の「タイ麺」は、素麺に煮付けたマダイをまるごとのせたもので、汁物の仲間といえよう。

宇和島地方の「佐妻汁」は「伊予の薩摩汁」ともいわれる。鹿児島や関東の薩摩汁は豚肉や鶏肉を使うが、伊予の佐妻汁は小魚のすり身団子を入れる味噌仕立ての汁物である。伊予地方では、伊予醤油の搾り粕を五斗味噌といい、これで作った薄味の味噌汁は「五斗味噌汁」といわれる。「冷や汁」は、焼いたイワシの身肉と味噌を擦り混ぜ、これに冷水、刻みネギを入れ、炊きたての麦飯にかける。

12月13日のすす払いの日に食べる「すす掃き雑煮」は、餅ではなく小麦粉の団子と野菜類を入れた雑煮である。月見の時の河原でサトイモや鶏肉、コンニャク、ニンジンなどを煮込んだ「芋たき」は友人・知人・家族が集まって食べる。「庄ダイコン汁」「タマネギ汁」がある。

食塩・醤油・味噌の特徴

❶食塩の特徴
「伯方の塩」は、瀬戸内海の伯方島で、独自の方法で輸入塩を精製し、苦汁を加えた食塩である。

❷醤油・味噌の特徴
古くから味噌・醤油を作る会社が多く、濃口醤油の他、「仕込み味噌」「麦みそ」「吟醸みそ」が流通している。とくに、1905（明治38）年創業の田中屋は現代の食生活に合う醤油をつくりだしている。醤油の製造過程で残る「もろみ」は「醤油の実」として流通している。

1992年度・2012年度の食塩・醤油・味噌の購入量

▼松山市の1世帯当たり食塩・醤油・味噌購入量（1992年度・2012年度）

年度	食塩（g）	醤油（ml）	味噌（g）
1992	2,286	11,322	6,846
2012	1,786	5,943	5,394

▼上記の1992年度購入量に対する 2012年度購入量の割合（％）

食塩	醤油	味噌
78.1	52.5	78.8

　松山市の1世帯当たりの食塩・醤油・味噌の購入量は、四国地方の他の県庁所在地の購入量に比べて大差はないが、2012年度の醤油の購入量が減少しているのは、持ち帰り弁当や惣菜はすでに味が付いているので、家庭での醤油の使用する機会が少なくなるからと推測する。

　食塩については、郷土料理の漬物を作る時に使うので、食塩の購入量は大きく減らないと考えられる。

地域の主な食材と汁物

　山海の幸に恵まれている愛媛県は、郷土料理の種類も多い。現在は、ハマチやマダイの養殖も盛んである。宇和海のイワシは平安時代の和歌にも登場している。江戸時代の『和漢三才図会』（1712年）にも、数多くの魚介類や農作物が登場している。

　宇和海を中心にマダイやヒラメの養殖の盛んな愛媛県の郷土料理に、「鯛飯」「鯛麺」などマダイを使ったものがある。鯛めしは漁師料理から生まれたものである。一方、鯛麺は漆塗りの大皿に煮付けた鯛をのせた豪華な料理であった。

主な食材

❶伝統野菜・地野菜

　伊予緋カブ、清水一寸ソラマメ、うすい豆、絹皮ナス、松山長ナス、ていれぎ（クレソン）、紫長大葉高菜、庄ダイコン、皿冠大根、女早生（里芋）、おおどいも、愛媛早生（里芋）、白いも（サツマイモ）、地いも（ジャガイモ）、その他（タマネギ、アスパラガス、キュウリ、シイタケなど）

❷主な水揚げ魚介類

　伊方町の岬アジ、岬サバ、イワシ、カツオ、マグロ類、タチウオ、イカ類、マダコ、養殖物（マダイ、ヒラメ、シマアジ）

主な汁物と材料（具材）

汁　物	野菜類	粉物、豆類	魚介類、その他
庄ダイコン汁	庄ダイコン、ネギ	豆腐、油揚げ	醤油仕立て
いもたき	サトイモ、ニンジン、ネギ	油揚げ	鶏肉、だし汁、醤油
五斗味噌汁	（柚子の皮・胡麻）トウガラシ		五斗味噌（大豆・糠・米麹・酒粕・塩）
タマネギ汁	タマネギ		
すす掃き雑煮	ニンジン、ダイコン、ゴボウ、サトイモ、水菜	小麦粉→団子、油揚げ	調味（塩／醤油）
冷や汁	ネギ	丸麦飯	焼きイワシ、味噌仕立て
しし鍋	シイタケ、ネギ、春菊、ゴボウ		イノシシ、コンニャク、調味（塩／砂糖／醤油）
づがにのぼっかけ	ゴボウ、ネギ	油揚げ、豆腐	コンニャク、川カニ、醤油味

郷土料理としての主な汁物

- **しし鍋**　山間部で捕獲したイノシシは、古くからしし鍋として利用し、地元では平常の惣菜や宿泊客へのご馳走として供していた。イノシシの肉と野菜を味噌仕立てで煮込むが、材料が煮えるまで、イノシシの骨をしゃぶる。これを、「骨抜き」という。丼の肉と野菜を入れ、しし鍋の汁をかけて食べる。愛媛県は、現在問題になっている野生動物の管理、有効利用の進んでいるところである。

- **づがにのぼっかけ**　12月から翌1月にかけて海へ下る川カニ（モクズガニ）を臼の中で搗き、これを鍋に入れてザルに移して、濾す。数回水を加えて上澄みを捨ててから煮込む。この時に、豆腐や油揚などを加え、醤油味の汁を作る。東予市のご馳走である。

- **めぶとのだんご汁**　底引き網で獲れるイシモチ（めぶと）のすり身を団子にし、醤油で味を付けたサトイモの入っている澄まし汁に入れて煮る。

- **すす掃き雑煮**　越智郡魚島地区では、12月13日は1年分のすすを取り

払う日で、家族全員で掃除をし、その後で雑煮を食べる。餅は使わずに、小麦粉の団子を入れる。

- **五斗味噌汁** 伊予地方の醤油の搾り粕を五斗味噌といい、薄味の味噌汁を作るのに使われる。また大豆・糠・米麹・酒粕・塩を1斗ずつ混ぜ合わせた特殊の味噌も五途味噌ともいう。

- **石花汁（せっか汁）** 大島の石切場で手近な石を使った汁もの。熱した石を汁物に入れて煮る料理。石を入れた時のぶくぶくふきあがるのが、花が咲いたように見えることから、この名がある。

- **さつま汁** 南伊予地方に伝わる郷土料理。「佐妻汁」が当てられている。焼魚の身と麦味噌を出し汁で溶き、すり鉢でつぶし、ご飯や麦飯にかけて食べる。

- **ナマズがゆ** 宇和町の永長（ながおさ）に、江戸時代から続いている郷土料理。稲刈りが終わり、稲作のため池からドジョウ、フナ、コイなどを集め、地域の人たちが土手に集まり、食べる。

- **いもたき** いりこだし汁と砂糖や醤油を使って、イモ類、鶏肉、コンニャク、野菜類を甘辛く煮込だ料理。秋の夜に、河原で芋たき鍋を囲んでお月見する伝説がある。

伝統調味料

地域の特性

▼松山市の１世帯当たりの調味料の購入量の変化

年　度	食塩（g）	醤油（ml）	味噌（g）	酢（ml）
1988	4,340	17,438	7,176	3,149
2000	2,348	7,965	5,485	2,944
2010	1,073	7,289	5,096	3,552

　愛媛県が伊予の国といわれた頃は、東予、中予、南予に分かれて、現在の松山周辺は伊予の中心地であった。松山周辺で晩秋の頃に収穫される紫色の果皮の緋カブラ・紅カブラは、２年目になると白いカブラになるので同じ畑での連作ができないという珍しいカブラである。江戸時代前期の寛永年間（1624〜43）に、近江より転封になった松山藩主の蒲生忠和が、近江の日野の紅カブラを持ち込んだものと伝えられている。塩漬けにして熟成させ、砂糖・ダイダイで調味すると鮮やかな赤（緋）色になることから、「緋の蕪漬け（ひのかぶらづけ）」といわれている。藩主が奨励した古くからの漬物である。調味料に砂糖を使うところは、香川の三盆白を利用し、ダイダイを使うところはかんきつ類の栽培の盛んな伊予の国でなければ生まれないヒントと思われる。

　宇和海に面している宇和島は、魚の養殖の盛んな地域である。マダイ、ヒラメ、フグ、シマアジ、ブリ（イナダ）などの養殖が行われている。宇和島は蒲鉾やじゃこてんという練り製品が有名である。蒲鉾は仙台の伊達秀行が宇和島へ移ったときに、仙台の技術を伝えてできたといわれている。原料はエソを使いコシの強い蒲鉾として知られている。最初は仙台の笹かまぼこを真似て板のついていない蒲鉾であった。現在は板つき蒲鉾であり、表面にちり緬状のシワがあるのが特徴である。大量に漁獲される瀬戸内海の小魚は、骨も皮もつけたままミンチにし、小判型か楕円形に型を取り、

油であげた「じゃこてん」（皮てんぷらの別名もある）は、カルシウム、コラーゲンなど機能性成分が豊富であることから、現在は関東地方でも人気となっている。これら練り製品の弾力をだすためには、食塩の添加量がポイントの一つである。

　魚介類を利用した郷土料理の「伊予の薩摩汁」は、不思議な食べものともいわれている。「伊予の薩摩汁」は、小ダイ（ボデコ）・メバル・コアジなどの瀬戸内海で漁獲されるいろいろな小魚を利用した味噌仕立ての汁である。小魚の骨をていねいにすり下ろし、これに焼き味噌を入れ、醤油・砂糖・塩で調味する。これに、魚の身、コンニャク、刻んだワケギを入れて汁をつくり、温かいご飯にかけて食べる。愛媛県ばかりでなく、四国の瀬戸内海に面した地域では、だしにも小魚を使う。朝のみそ汁のだしは煮干しを利用するところが多い。

　一方、愛媛県にはカツオ節の削り節メーカーがあるのは、高知からカツオ節が入手しやすいためと思われる。

　愛媛県の郷土の味噌に「五斗味噌」がある。五斗味噌とは、大豆・糠・コメ麹・酒粕・塩をそれぞれ１斗ずつ混ぜ合わせと発酵・熟成させて作った特殊な味噌である（１斗は約18ℓ、正確には18.039ℓ）。なお、伊予地方では、伊予醤油の搾り粕を五斗味噌とよび、この粕でつくったみそ汁を「五斗みそ汁」といい、粕をていねいに擦ってから、ユズの皮・胡麻を混ぜて椀に盛り、トウガラシの粉をふりかけて飲む。

　伊予醤油は、古くから愛媛県内の醤油メーカーが厳選した材料で作り上げた醤油で、郷土の醤油として、スープ、醤油ダレなどに利用されるほか、郷土の料理に使われている。とくに「伊予ボジョ『醤油』」の名で愛媛県内の調味料メーカーが競い合っている。

知っておきたい郷土の調味料

　愛媛県は、四国では一番、醸造会社が多い。香川県の接近する東予、松山を中心とする中予、宇和海に臨む南予の３つの地域に分かれているが、瀬戸内海特有の温暖な気候と海の幸に恵まれている。また瀬戸内海に浮かぶ島々へのフェリーの出発点としても海運の発達している。

醤油・味噌

- **愛媛県の醤油・味噌**　古くから醤油・味噌を製造している会社としては、㈲地蔵味噌（明治21［1888］年）、田中屋（明治38［1905］年創業）、森文醸造㈱（創業以来、約100年間続く）などがある。醤油も味噌も取り扱っている会社もある。地蔵味噌は、米麹と麦麹をミックスした独自の製法で、「仕込みみそ」「麦みそ」「吟醸みそ」などマイルドな味噌を提供している。田中屋は、日本で一番美味しい醤油を目指して小規模ではあるが全従業員が頑張っている。「純正濃口醤油」のブランドで販売している。ユニークなのは松山市内のフランス料理のレストランのシェフとの協力で、ソースやドレッシングを開発していることである。森文醸造㈱は、伝統の手法と厳選された原料に重点を置き、まろやかで深い味わいの「おふくろのみそ」のブランド商品を提供している。醤油・味噌の他にアセロラ飲料も製造販売している。

  愛媛県で製造している味噌の種類には、麦味噌・金山寺味噌・調合味噌・おかず味噌などがある。また、地域の名をつけた伊予味噌などもある。

- **昔ながらのひしお**　愛媛県では醤油を作る時の「もろみ」を「しょうゆの実」の名で親しまれている。昔ながらの手法で醤油を作ると、味噌のように粘りのある「もろみ」ができる。これが「しょうゆの実」であり、「昔ながらのひしお」として郷愁を誘う。大豆や小麦の粒々が残っていて醤油の香ばしさが、温かご飯にのせると食欲をより一層刺激する。ご飯の惣菜の他に、野菜スティック・もろキュウ・冷奴などの調味料としても使われる。

- **濃口醤油＋オリーブ油**　愛媛県の田中醤油㈱は、濃口醤油のメーカーである。新しい感覚の醤油として「濃口醤油とオリーブ油」の混合したものを提案している。常温では醤油とオリーブ油は比重の差で分離しているが、使用時にはビンを振って、濃口醤油とオリーブ油をよく混ぜてから使用する。スパゲッティの和風味に使うには適している。

食塩

- **愛媛の塩の歴史**　愛媛県でも製塩の遺跡から、弥生時代中期～奈良・平

安時代にかけて製塩が行われていたと推測されている。中世においては塩の荘園として、京都の東寺へ塩を献納していた。近世では波止浜塩田（はしはまえんでん）で製塩が行われていた。

- **伯方の塩**　瀬戸内海に浮かぶ松山市の伯方島の塩田での製造は、文化3（1806）年から行われていた。現在の流通している「伯方の塩」は、昭和46（1971）年に成立した「塩業近代化臨時措置法（塩専売法）」により、流下式塩田製法が廃止され、イオン交換膜製塩の切り替えを機会に設立した伯方塩業㈱（昭和48［1973］年設立）が製造・販売しているものである。

食酢

- **みかん酢**　ミカンの名産地・明浜の青ミカンを丸ごと搾った食酢である。米酢のような醸造酢ではなく、ミカン果汁100%の食酢である。ビタミンCやポリフェノールの一種のヘスペリジンを含む。ややヘスペリジンの苦味を感じるかもしれない。かんきつ類の果汁なので、主な酸味成分はクエン酸である。このみかん酢と醤油を混ぜて、魚の塩焼きや湯豆腐の調味料として使うと、引き締まった味が楽しめる。

食用油・ソース・ドレッシング

- **油は綿実油**　田中屋は、松山市内のフランス料理のレストランのフランス人シェフの協力により、植物油は綿実油を使い、無農薬の柚子、イヨカン、タマネギ、ニンニクなどを使い、生ドレッシングを開発している。
- **趣が異なるソース**　ソースのイメージから遠いソースとして、焼き魚・ムニエル用バターソース、ガーリックソース、カルパッチョソースなどを提供している。

郷土料理と調味料

- **緋の蕪漬け**　伊予カブとよばれる愛媛県特産の皮の赤いカブを塩漬けした後、柑橘酢に漬け込んだもの。全体が鮮やかな緋の色（赤色）に漬けあがったものである。江戸前期の寛永年間（1624〜43）に近江の国から移ってきた松山藩の藩主・蒲生忠和が、近江の日野の紅カブラの漬物を、松山に広めたものと伝えられている。

- **さつま汁**　漁業が盛んな南予地方に伝わる郷土料理。「佐妻汁」とも書く。焼き魚の身と麦味噌をだし汁（煮干し）で溶きながら、すり鉢で磨り潰し、ご飯や麦飯にかけ、刻みネギや柚子の皮を散して食べる。

発　酵

石鎚黒茶

◆地域の特色

　四国地方の北西に位置し、瀬戸内海に面している。瀬戸内海を挟んだ広島県との文化的・経済的結びつきが強い。瀬戸内海側は温暖少雨であり、大きな河川や湖がないため渇水に見舞われやすい。宇和海側は、黒潮の影響を受けて総じて温暖ながら台風の関係もあり、暖候期の降水量は概して多い。

　江戸時代に、伊予八藩と呼ばれるように多くの藩が分立したため、地域ごとに微妙に異なる文化が息づいている。この点、同じ四国内でも一藩であった高知県（土佐藩）や徳島県（徳島藩）、二藩（高松藩、丸亀藩）であった香川県と状況を異にしている。

　県下各地で柑橘類が生産される。ミカンは2003（平成15）年度まで日本一の座を守ってきたが、2004（平成16）年度に和歌山県に抜かれ、2018（平成30）年度には静岡県に抜かれ3位となった。

　イヨカンとキウイフルーツは生産量日本一、ハッサクとクリは全国3位である。ハダカムギの生産量は日本一である。宇和海では真珠やハマチ（ブリ）などの養殖が盛んで、タイの養殖では日本一となっている。

◆発酵の歴史と文化

　西日本最高峰石鎚山の麓、西条市小松町石鎚地区で、古くから伝わる幻のお茶「石鎚黒茶」という後発酵茶が生産されている。

　後発酵茶とは、摘んだ茶葉を加熱した後に微生物により発酵させるお茶で、石鎚黒茶は、カビにより好気発酵させた後、乳酸菌により嫌気発酵を行うことによって製造される二段発酵茶である。黒い茶葉と独特の香りと酸味がある。お茶には、茶葉を発酵させない緑茶に代表される不発酵茶、茶葉に含まれる酵素を働かせる紅茶やウーロン茶などの発酵茶があるが、この四国の伝統的な技法で製造されたお茶は、それらとはまったく違う後

発酵茶である。

　石鎚黒茶の由来と歴史については諸説あるが、同様にして作られる中国のプーアル茶、タイのかみ茶などと類似している点から、中国で仏教を学び四国で修業し四国霊場を開いた空海が、日本に伝えたお茶の一つではないかともいわれている。後発酵茶としては、石鎚黒茶のほかに、徳島の「阿波晩茶」、高知の「碁石茶」、それに富山の「バタバタ茶（黒茶）」が知られている。

◆主な発酵食品

醤油　味噌同様、南になるほど甘みが増す傾向にあり、他県の人が「砂糖醤油」と評することもあるほどである。中四国、九州など、特に漁業の盛んな沿岸部では、甘口仕立ての醤油が根付いている。

　マルマサ醤油（南宇和郡）、田中屋（松山市）、梶田商店（大洲市）、忽那醸造（松山市）、旭（和島市）などで造られている。

味噌　愛媛県は全国のハダカムギの生産の約4割を占め、特に松山平野では水稲の裏作として作付けされる。こうした麦を用いた麦味噌を製造する30余りの工場が県内各地に分布している。麦を多量に用いるため、含まれる麹の量もやや多くなり、発酵が進み、独特の甘みをもった味となる。製造所によってそれぞれの味があるが、県内でも南になるほど、甘みが増す傾向がある。伊予さつまなど、味噌を使った郷土料理もたくさんある。義農味噌（伊予郡）、マルヤス味噌（南宇和郡）、高田商店（北宇和郡）などで造られている。

日本酒　標高1982ｍの西日本最高峰石鎚山を筆頭に東西に連なる四国山地がある。冬の間、四国山地には多くの雪が降り積もり、山里に向けては寒風が吹きすさぶ、酒造りに適した気象条件になる。また、名水「うちぬき」の水をはじめ四国山地からは豊富な伏流水が湧き出ており、愛媛の酒は、まろやかで奥行きのある味わいに仕上がる。瀬戸内の白身魚を中心とした淡泊な食文化に合うよう、旨みがあり、なめらかさが特徴の酒が多い。

　1831（天保2）年創業の八木酒造部（今治市）、1855（安政2）年創業の蔵本屋本店（西条市）のほか、成龍酒造（西条市）、首藤酒造（西条市）、中城本家酒造（西予市）、酒六酒造（喜多郡）、梅錦山川（四国中央市）、石鎚酒

造（西条市）、雪雀酒造（松山市）、桜うづまき酒造（松山市）、小泉酒造（八幡浜市）など、39の蔵元が存在する。

焼酎　栗焼酎が初めて造られたのは昭和50年代半ばで、地元の城川栗を使って媛囃子（西予市）が製品化した。今では、高知、宮崎、兵庫など、全国で造られている。その他、松山特産の「松山一寸そらまめ」や「松山長なす」などを使った焼酎を造る水口酒造（松山市）などがある。

石槌黒茶　西条市小松町石鎚地区で、江戸時代から作られていた後発酵茶である。かつては、瀬戸内の船主たちに一括購入され、飲用のほか、茶粥用に、また漁網などの茶渋染めなどにも用いられていた。製造方法は、①茶葉の収穫と洗浄、②蒸し、③カビによる発酵を約1週間、④揉み、⑤乳酸菌による発酵を約2週間、⑥天日干し、という工程である。乳酸発酵の前に揉む作業が入る点が、碁石茶と異なる。

レモンリキュール（リモンチェッロ）　今治市大三島で収穫したレモンを使って造られる、優しいレモンの香りがするレモンリキュールである。その他、八幡浜で穫れるマイヤーレモンを使った酒なども造られている。

緋の蕪漬け　松山地方では正月料理に欠かせないもので、緋の蕪と呼ぶ赤いカブを塩漬後、ダイダイ酢と砂糖で漬けたものである。鮮やかな美しい緋色と歯触りのよさが特徴である。

◆発酵食品を使った郷土料理など

いずみや　お米の代わりにおからに酢を混ぜたものを握り、魚の身で巻いた新居浜市の郷土料理である。魚はコノシロやアジなどの小魚を使う。別子銅山を開発した住友家が伝えたため、屋号の「泉屋」から料理の名前が付けられたと伝えられている。南予地方には、材料も作り方もほぼいずみやと同じである、大きな丸いおにぎりの形をした丸ずしと呼ばれる郷土料理がある。

伊予さつま　宇和島市や松山市の魚と味噌を使った郷土料理である。単に、「さつま」と呼ぶこともある。焼いたタイなどをすり潰し、麦味噌を加え軽く火で炙る。それをだし汁でとき、こんにゃく、ネギを加え熱い麦ご飯にかけて流し込むようにして食べる。

しょうゆ餅　米粉に醤油と砂糖を入れて練り上げ、丸めて蒸した松山市の郷土菓子である。

鯛めし　松山市を中心とした中予〜東予地方では、タイは香ばしさを出すためにあらかじめ焼かれ、米飯の味付けには醤油、酒、みりん、昆布だしなどが用いられる。炊き上がったら身をほぐしてご飯に混ぜて食べる。宇和島市を中心とする南予地方では、醤油を主体としたタレに生卵、ごま、刻みネギなどの薬味を加えたものとタイの刺身を和え、ご飯にのせて食べる。

◆発酵にかかわる神社仏閣・祭り

須賀神社（今治市）　御頭祭（おとうまつり）　毎年、10月第3日曜日に行われる江戸時代から続いている祭りである。これから1年の、神主の補佐を務める当番を意味する御頭（おとう）を決める行事で、参加者に甘酒が振る舞われる。

◆発酵関連の博物館・美術館

世界食文化博物館（今治市）　日本食研が創業30周年記念事業として建設したもので、世界のさまざまな食文化を紹介、展示している。宮殿食文化博物館、世界ハム・ソーセージ博物館なども併設されている。

◆発酵関連の研究をしている大学・研究所

愛媛大学農学部生命機能学科　愛媛県の果実から分離した酢酸菌コレクションの研究をもとに、地元企業と「あたらしい甘酒」などが開発されている。また、岩城島のレモンを使ったお酒「レモンリカー」が、桜うづまき酒造との産学連携商品として発売されている。

和菓子 /
郷土菓子

一六タルト

地域の特性

　四国の北西側に位置し、背後に西日本の最高峰石鎚山（1,982m）を主峰とする四国山地があり、北は瀬戸内海、西は豊後水道に面し、県域は細長く海岸線の長さは全国第5位。瀬戸内海には大小160余の島々がある。

　『古事記』の国生み神話に「次に伊予の二名の島を生みたまひき」とあり、「伊予の二名の島」は四国の総称で、このとき「伊予の国を愛比売と謂ひ……」とあり、後に「愛媛県」となる。有名な道後温泉は日本最古の温泉で、聖徳太子も来浴したという歴史がある。

　近年松山といえば、司馬遼太郎の『坂の上の雲』で知られる。秋山好古・真之兄弟と正岡子規の若者たちが近代日本の勃興期を生き抜いた物語で、この進取の気風は初代藩主・松平定行が長崎の異人館で欧風菓子・タルトにカルチャーショックを受け、後にその菓子を再現し、郷土菓子に根付かさせたことと無関係ではないように思われる。

　さらに江戸期の飢饉に大勢の命を救った、「下見吉十郎」も忘れられない。4人の子を亡くし回国巡礼に出た彼が、薩摩国で薩摩芋に出会い、命懸けで芋種を運び、伊予の地に薩摩芋を定着させた。人々に慕われて「芋地蔵」となった人である。県下には薩摩芋素材のおやつ菓子が今も多い。

地域の歴史・文化とお菓子

ポルトガル生まれの松山育ち

①愛媛銘菓「タルト」

　愛媛県人なら「タルト」と聞けば誰しも、カステラ生地で柚子入りの漉し餡をロールケーキのように巻いた菓子と認識している。

　ところでこの「タルト」だが、今日洋菓子屋さんの店頭で「タルト（tarte）」という菓子を目にするが、それはパイやビスケット状の生地で作った皿の

ような器に、フルーツ等がのったケーキである。「タルト」とは、一体どんな菓子だったのであろうか。

② 「松山タルト」のルーツ

古代ローマで食されていた「トールタ（torta）」という菓子に由来し、その古さはさらに古代ギリシャやエジプトにあるとされる。この菓子は、ジャムやクリームなど、ゼリー状の固化した物を食べやすくするために器に容れて出そうとしたのが最初であった。

ヨーロッパでは、リンゴを煮詰めてジャム状になったものの上にパイ生地を被せたアップルパイも「リンゴのタルト」とよばれている。

オランダ語でケーキを「taart」、ポルトガル語でもケーキを「torta」といい、（tarte・taart・torta）の語はすべて上述のラテン語の torta で、「焼き菓子」のことであった。

松山育ちのタルトは、欧風タルトとは別物であるが、トールタが焼き菓子を意味しているならば語源は同じではないかと思われる。

③ 「タルト」と初代松山藩主・松平定行

松平定行（1587～1668）は、江戸時代初期の大名で徳川家康は伯父に当たる。1635（寛永12）年に伊勢桑名藩より伊予松山初代藩主となる。その後長崎探題の職を兼務し、1647（正保4）年にポルトガル船が長崎に入港したとの知らせで海上警備のため、福岡城主黒田忠之の船1,300艘、熊本城主細川忠尚の船1,500艘、松山藩松平定行の船350艘等10名の大名の船団で長崎入りした。

当初、異国の黒船2艘の入港ということで緊張感に包まれた。が、ポルトガル船は自国の統治者が代替わりしたことを伝えに来ただけであった。何事もなく穏やかに会談が行われ、このとき定行は出島の異人館で振る舞われた南蛮菓子の美味しさに感動した。その菓子の製法を教わり松山に持ち帰って再現したのが「タルト」であった。

④ 「松山タルト」誕生と「しょうゆ餅」

そのポルトガルの菓子は、カステラの中にジャムが入っていたとされる。定行はジャムを、身近な素材「餡」でつくるよう菓子司に指示し、考案されたのが「松山タルト」であった。しかし、後に幕府の倹約令などで製造が中止となり、再び世に現れるのは幕末で、松山の町に「たるた」といって餡巻状の菓子が売られていたという。

定行は南蛮菓子をアレンジした人だが、定行の父君・久松定勝は、愛媛庶民のスイーツ「しょうゆ餅」を奨励した人であった。

　しょうゆ餅の歴史は古く、慶長年間（1596〜1614）に久松定勝が京都伏見にいた際、旧暦3月3日の節供に子孫繁栄を願ってこの餅を作り家臣に分け与えたのが最初とされる。米粉に砂糖、醤油、生姜の絞り汁を加え湯で捏ね、蒸したしんこ餅である。この餅は、やがて藩主となった定行とともに松山に伝えられ愛媛の「二大郷土菓子」となった。

⑤明治生まれの「一六タルト」

　愛媛のタルトはたくさんの菓子店が作っているが、1883（明治16）年創業に因んだ「一六タルト」が広く定着している。白くやわらかなカステラ生地に四国特産の生柚子を配した漉し餡が優しく巻かれ、今も工場では1本ずつ丁寧に手巻きされている。この巻き物のタルトを、食べやすくスライスして売りだしたのがこの店で、売り上げがぐんとアップしたそうである。

⑥「松山タルト」と九州の菓子

　定行が長崎で出会った「タルト」であるが、長崎には「タルト」という菓子はなく、県内には「カス巻き」といって焼き色を付けたカステラ生地で餡を巻いた物がある。さらに似て非なるものに熊本・天草の「赤巻」、鹿児島・長島町の「赤まき」。スポンジ生地やカステラ生地に漉し餡を塗って巻き、その上から赤やピンクに染めた求肥餅で巻いてある。一見すると魚肉のすり身を使った富山特産の「巻蒲鉾」のようである。

　松山タルトは餡に柚子が入り、ジャムの形跡を偲ばせている。なお、本場スペインやフランスには、「ジプシーの腕」「ヴィーナスの腕」といったユニークな名のロールケーキがあり、「タルト」とよく似ていた。

行事とお菓子

①旧久方町（久万高原町）の正月行事「頂き鉢」

　この地方では暮れになると、頂き鉢（木地鉢）にゆずり葉を敷き、米1升を入れ、その上に葉付き橙をのせた鏡餅、その周囲に串干し柿、葉付き小蜜柑、勝栗を盛る。これを年神さんのお供えとして床の間に飾った。元日には家族揃ってこの「頂き鉢」を頭上に頂き、蜜柑と干し柿を各自とって「1つ歳をとる」といい、その後雑煮を食べた。

②雛節供の菓子と「おなぐさみ」

　節供の菓子は県内各地「しょうゆ餅」と「りんまん」が家庭で作られたり菓子店で売られている。「りんまん」は、他の地方でいが饅頭とよばれるもので、うるち米の粉に片栗粉を混ぜて湯で捏ねて丸餅状にし、餡を包む。別にもち米を少量水に浸し、赤、青、黄の3色に染めて餅の上に飾り、蒸籠で蒸す。「しょうゆ餅」は、米粉に片栗粉を1割程度混ぜ、砂糖を加え熱湯を入れながらよく捏ねて蒸す。途中杓子で混ぜ、蒸し上がったら生姜の絞り汁を手水とし、醤油を入れながらよく捏ねる。生地に赤、青、黄と色付けする場合は塩を加えて捏ねる。小判形や円形に作り、上から丸箸で押さえ菱形模様をつけ、二度蒸しすると風味が増す。

　雛あられは各地各様で、宇和島周辺はとうきびを炒って砂糖をまぶす。旧久万町では鳥取の「おいり」を「げんこつ」といい、「田植おいり」は水飴で固めず、煎った玄米などのあられにつるし柿を1つ入れ、茶碗に1杯が田植の時のおやつであった。大洲周辺は「豆炒り」といい、白米を蒸して乾燥させ、重曹や食用油をまぶし、炒り豆を加え水飴で固める。東予地方の婚礼菓子「パン豆」は、米を爆ぜさせた雛あられと同じである。

　節供の翌日を県下では「おなぐさみ」「雛送り」「磯遊び」といった。巻き寿司や煮しめ、「りんまん」なども加え豪華な料理を「提げ重」に盛り込み、家族や隣近所で出掛け、ご馳走を交換しながら1日を過ごした。

③五月節供の「しっぱり餅」と「かやの餅」

　愛媛県内のかしわ餅はサンキライやサルトリイバラが使われ、宇和島ではもち麦の粉を捏ね、蓬を搗き込んだ粘りのある餅に餡をのせ、半月形にしてサンキライの葉で包む。これを「しっぱり餅」といった。「かやの餅」は、米粉の餅に塩を少し入れて捏ね、逆三角形に作り、カヤの葉5枚で包み蒸した「粽（ちまき）」である。塩味の餅とカヤの葉が清々しい「粽（すがすが）」である。

④タノモサンの「とりつけ団子」

　旧暦8月1日は「タノモサン」で、東予、中予や瀬戸内海沿岸地方で五穀豊穣を祈る八朔祭りである。松山のタノモサンはタノモデコといいタカキビ殻で作った人形に5色の色紙（いろかみ）で衣を作って着せ、板上に並べ、ボンデンや旗を立て人形が船に乗った形にする。この日は「とりつけ団子」といって餡をまぶした米粉の団子を作る。他ではしん粉で作田面人形（たのもにんぎょう）や犬や鳥などを作った。正岡子規の『病床六尺』に田面人形のことが記されている。

⑤亥の子節供の亥の子餅

　10月の亥の日が亥の子節供で、亥の子餅は薩摩芋の粉と小麦粉で作った餡餅。縄で縛った石で地面を叩いて子供たちが豊作と無病息災を祈る。

知っておきたい郷土のお菓子

- **薄墨羊羹**（松山市）　江戸時代中期創業とされる中野本舗の愛媛銘菓。白手亡豆を散らし花びらに見立てた羊羹で、隠し味に抹茶が加えられている。松山市北部の西法寺境内にある「薄墨桜」に因む。

- **坊っちゃん団子**（松山市）　道後温泉の湯で晒した餡で餅を包んだ「湯晒し団子」が最初。夏目漱石の小説『坊っちゃん』に登場したことを機に改良され、現在は抹茶・黄・小豆の3色の餡でくるんだ松山の名物団子。

- **山里柿**（松山市）　1929（昭和4）年創業の柳桜堂の松山銘菓。地元の愛宕柿を干柿のまま保存し、餡に練り込む直前に摺って合わせ、求肥で包んだ餅菓子。

- **山田屋まんじゅう**（松山市）　1867（慶応3）年創業の山田屋の名物饅頭。一子相伝という薄い小麦粉生地で十勝産の自慢の餡を包んだ小ぶりな饅頭。最初は旧宇和町で創業、近年松山市に移転。東京にも進出し人気高い饅頭。

- **鶏卵饅頭**（今治市）　1790（寛政2）年創業の一笑堂の名物。水を使わず卵だけで練った生地で小豆の漉し餡を包んだ、直径2cmほどの饅頭。

- **柴田のモナカ**（四国中央市）　土佐藩山内家が参勤交代の折に、御用を勤めた江戸中期創業の白貴堂・柴田家の銘菓。餡は漉し餡でも粒餡でもなく、大納言小豆の風味が見事に生きた、焼き皮も香ばしい最中。

- **星加のゆべし**（西条市）　西条は柚子の産地。1867（慶応3）年創業の星加勇蔵商店の「丸ゆべし」は、周桑郡大頭の大庄屋・佐伯家伝来の物で柚子をくり抜いて米粉や味噌等を詰めて蒸した保存食であった。砂糖、白味噌、柚子、米粉、もち粉を混ぜ竹皮で包み蒸した「棒ゆべし」等がある。

- **月窓餅**（げっそうもち）（大洲市）　1624（寛永元）年創業の村田文福（ぶんぷく）老舗の愛媛銘菓。文武両道に優れた大洲2代藩主・加藤泰興の雅号「月窓」を拝領し、特産のわらび粉だけを使って漉し餡を包み、青大豆の黄な粉をまぶす。き

め細かな繊細な菓子で、藩主が「馬の鼻と同じやわらかさだ」と評したと伝わる。

- **志ぐれ**（大洲市）　市内の複数店で作る郷土菓子。小豆に砂糖を加えうるち米の粉を合わせ蒸し上げた、「ういろう」のようなもちもちした食感。江戸時代から作られていたが、明治元年に復元された。
- **唐饅頭**（宇和島・八幡浜市）　この地方の郷土菓子。小麦粉と水飴を練った硬めの生地で黒砂糖や柚子ジャムを包み胡麻を振って焼き上げた、中国伝来の煎餅のような菓子。佐賀の逸口香や長崎の一口香と似ており、「唐饅頭」は、その昔中国の船員たちの携帯食であったとされる。

乾物 / 干物

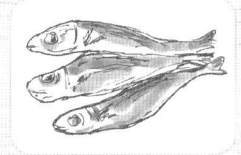

煮干し

地域特性

　四国伊予の国こと松山市を県庁所在地に持つ愛媛県は瀬戸内海に面しており、しまなみ海道の開通から、広島県との文化的交流など結びつきは深い。気候は瀬戸内海側は比較的温暖であるが、大きな川や湖がなく、渇水することが多い。内陸部久万高原は冷涼であり、高原野菜などの栽培が盛んである。宇和島海側は黒潮の影響を受けて、温暖ながら台風の関係で雨量は多いが、台風を除けば比較的温暖で、柑橘類は県下各地で生産されており、キウイフルーツや栗など種類も多く、ミカンは和歌山県に次ぐ生産量がある。また、山間地は干し椎茸や小麦二次加工品のうどん、素麺などの生産量も多い。観光として松山城、道後温泉、今治、宇和島の海での真珠がある。ハマチの養殖は日本一である。

知っておきたい乾物 / 干物とその加工品

煮干し　　　煮干しは魚介類を煮沸して乾燥したものの総称である。煮干しとは、一般的にはイワシの煮干しを指し、最も多いのは「片口いわし」である。「片口イワシ」は下あごが上あごより小さいことからそう呼ばれているが、マイワシより形が小さく、脂肪分も少なくて肉質が締まっていることから、加工用に最も多く利用されている。暖流に乗って北上し、日本の沿岸各地で漁獲されている。なかでも瀬戸内海では、魚種も多く、生産量も多い。漁獲量の多いのは長崎県、愛媛県、千葉県、香川県の順である。

　イワシは奈良、平安時代から食用の魚として使われていたともいわれるが、その後、戦国時代から江戸時代にかけては、田畑の高級肥料としてたくさんの干鰯が作られ、普及した。

　煮干しの歴史はそれほど古いわけではない。1895（明治28）年の千葉県の資料に 2t だが生産記録がある程度で、それ以前では田作りとしての

記録があるが、あまり生産されていない。おそらく1893（明治26）年～1895（明治28）年ごろにかけて始まったと推察される。明治30年ごろになると、煮釜などが改良されたこともあり、各地で煮干しの加工が始められ、商品化の道が開かれた。反面、同じ原料を用いた「田作り」（ごまめ）の生産量は、1901（明治34）年を境にわずか1/10程度まで低下することになる。

　煮釜の導入から鮮度が向上。田作りならば加工中にイノシン酸などが消失してしまうのに対し、煮干しはうま味を保つ食材として注目され、かつお節とは違うだしのおいしさが次第に認知されるようになった。値段もかつお節のように高嶺の花ではなく、庶民的で安価に手に入ることから、大きく需要が伸びた。

　その後、煮干しの生産は増加の一途をたどり、1942（昭和17）年には全国で9万2,000tとピークを記録し、原料換算で約36万t、同年の魚類総水揚げ量の14％を占める水産加工品として、大きな位置を占めるようになった。

　しかし、第二次世界大戦に突入すると、戦時下の統制により原料魚の調達が困難になり、その生産量は2万tくらいまで落ち込む。戦後になり、1950（昭和25）年には再び増加し、急回復を見ることとなった。その後、食生活の洋風化や化学調味料、風味調味料などの台頭で煮干しの生産量は減少し、生産量は5～6万tレベルで安定している。最近は化学調味料などが避けられ、うま味調味料が使われるようになる中で、乾物の見直しや健康志向、本物志向もあって、若干ながら伸びている。

　2000（平成12）年に新JAS規格が制定され、「煮干し魚類」という呼び名が使われることになった。この煮干し魚類という表示の適正化を図るため、新たに品質表示基準も制定され、「消費者の選択に資すること」が示された。

また、近年は、食べる煮干しとして塩分を抜いた小型の煮干しを真水で炊いた商品が好評で、子供のカルシウム補給や、塩分に関わる高血圧などを気にする人のために、健康志向食品として売れている。

＜産地漁法＞

　瀬戸内海機船船曳網漁法（せんびきあみぎょほう）は、バッチ網ともいわれ、基幹漁法の1つとして発達してきた。母船と曳舟2艘（4～10t）の合計3艘で操業する。稚

魚（シラス）もこの漁法が用いられている。

＜煮干しの名称＞

　煮干しは、かつお節と並んで日本の食文化を作り上げてきた重要な食材である。東日本では「にぼし」が一般的だが、全国各地で呼び名が異なり、約20種類くらいの別の表現があるという。地域的に見れば、東北地方の「たつこ」「びと」、関東の「背黒」「しこ」「ひしこ」富山地方の「へしこ」、京阪・滋賀地方の「だしじゃこ」、和歌山地方の「いんなご」、中国・四国地方の「いりこ」、熊本地方の「だしこ」「ダシジャコ」などが代表的な呼び名である。

　また、煮干しは大きさによっても呼び名が細かく分かれる。

煮干し名称と大きさ

	小　羽	大　羽	中　羽
マイワシ	8～12cm	20cm以上	15～18cm
カタクチイワシ	5～8cm	13～15cm	8～10cm

　イワシは、世界中には330種もの仲間がいるが、実際に煮干しに使われているものとしては、カタクチイワシが一般的である。

　煮干しの原料はいわゆる青魚で、不飽和脂肪酸を多く含むため、製造から流通、保存に至るまで管理が適正に行われないと脂肪の酸化が進み、品質が低下する。酸化を防ぐ意味でもあまり脂が乗っていないものが適しており、大きな魚を使わないのはそのためである。カタクチイワシは魚体が小さく、脂肪分が少ないので、最も煮干しに適している。カタクチイワシは黒潮に乗ってやってくるが、近年、日本での漁獲量は年々減ってきており、年によっては豊漁と不漁の変動幅が大きいため、相場変動が高い商品である。

　韓国、中国でも生産されているが、酸化が速く、また、防腐剤の使用基準も合致していないため、輸入はわずかな量にとどまっている。

海老ちりめん　瀬戸内海ではめったに捕れない幻の魚介類で、えびとちりめんが同じ網にかかったものをそのまま乾燥したもので、漁獲時期が短く、市場には出回りにくいが、わずかであるが市場に出回るときがある。漁獲量が少ないので漁師の間で消費されているの

が実情であろう。

寒採れひじき　日本海有数の産地で、漁師がこだわり手摘みしたヒジキは、柔らかい茎がおいしく独特の味がある特産品である。塩分やうま味成分が白く表面に出ていることがあるが、水に浸すとすぐ溶ける。水で戻すと約10倍になる。

Column：煮干しの JAS の定義

　煮干し魚類とは、マイワシ、カタクチイワシ、ウルメイワシ、イカナゴ、アジなどを煮沸して、タンパク質を凝固し、乾燥したもので、含有水分18%以下のものである。

III

営みの文化編

伝統行事

新居浜太鼓祭り

地域の特性

　愛媛県は、四国地方北西部を占め、瀬戸内海と宇和海に約200の島々を有する。北部の沿岸には、新居浜・今治・松山などの各平野がある。南部には、西日本最高峰の石槌山（1982メートル）のある石鎚山脈と四国山地が広がり、山間に宇和・大洲などの小盆地が散在する。全体に山がちで、東部は山地が海に迫り、沿岸はリアス式海岸となっている。気候は、全体として温暖。冬でも降水量は少ない。

　江戸期には、「伊予八幡」と呼ばれるほどに中小藩が成立したが、山がちな土地柄のため開発があまり進まなかった。そのなかで、商人の山之内彦左衛門は、水利の悪い山間地の窮状をみかねて、私財を投じて用水隧道を掘削した。仰西渠と呼ばれるこの水路は、いまも久万盆地の農地をうるおしている。

　伝統工芸では、伊予絣、砥部焼、桜井漆器、手漉き和紙、水引き細工など。現在は、みかん・養殖真珠・タオル・書道用紙・障子紙の生産が日本一である。

行事・祭礼と芸能の特色

　地形からすると不便な地も多いが、総じて農作にも漁撈にも恵まれた土地である。それは、この土地が生んだ正岡子規の俳句にも表われている、といえよう。

　国指定の重要無形民俗文化財は、伊予神楽にとどまるが、八幡浜の唐獅子踊、宇和島の八つ鹿踊、南宇和郡増田の花取踊、東宇和郡窪野の八つ鹿踊、興居島の船踊など、それぞれに特色ある民族芸能が分布する。

大山祇神社の祭礼

（おお や つみ）

大山祇神社は、瀬戸内海の大三島に位置する神社で、山の神であり海の神、そして戦いの神として、歴代の朝廷や武将から尊崇を集めた。

御更衣祭（ごこうい）　毎年4月22日と11月22日に行なわれる。4月には夏の御神衣を内陣に奉り、11月には冬の御神衣に替える。本社で祭事を終えたあと、摂社の上津社・下津社の御更衣祭を行なう。なお、4月の御更衣祭は、もとは桜会（さくらえ）と称した。

新穀祭　毎年10月9日に行なわれる。本来は、9月9日（オクンチ）の報賽祭で、三体の神輿（みこし）が境内御桟敷殿に渡御し、祭典と神楽ののち、古例にのっとって一人角力（すもう）が奉納される。これは、御浅敷殿と神饌田の間に設けられた土俵で行なわれる相撲神事である。「稲の精霊」と「一力山」による三本勝負で行なわれ、稲の精霊が2勝1敗で勝つ。「すもう」は、一般には「相撲」の字を当てるが、ここでは、相撲を含めた広義の力比べである「角力」の文字を用いることで、一般の相撲とは違う神との力比べであることを表わす、と伝える。なお、一人角力は、6月5日の御田植祭にも奉納される。

大山祇神社祭　旧暦4月22日に行なわれる例大祭。大山祇神社が現在の場所に移された日を起源とする祭礼である。

その特色は、「三島市」と呼ばれる大市。江戸時代には、すでに富くじや歌舞伎、牛馬の市、綿市など立ち並びにぎわいをみせていた、という。今も当時からの伝統を守り、境内から宮浦港に至る1キロ余りの参道に多くの露店が立つ。

石槌山お山参り

（いしずちさん）

石槌山は、四国第一の高峰（1982m）で、近畿以西の西日本最高峰である。山頂に石鎚神社を祀る。早くから修験の山となり、石土蔵王権現と称せられた。四国霊場として名高く、7月1日から10日までの間に「お山開き」の神事が執り行なわれ、多くの信者が参拝登山に訪れる。お山開きの期間中は、女人禁制となり、女性は山頂まで登ることができない。

うわじま牛鬼まつり

（うしおに）

宇和島市の夏を代表するまつり。7月22日から24日まで行われる。昭和25（1950）年

に地元の和霊神社の春の祭礼にあわせてはじまったまつりで、当初は「宇和島商工祭り」といっていた。それが、昭和42年から和霊神社の夏の祭礼にあわせて7月23日と24日に市民のまつりとして大々的に行なうことになった。

その中心は、牛鬼の市内巡行である。牛鬼とは、宇和島地方の神社の祭礼に必ず登場する山車の一種で、鬼のような顔に長い首、牛のような胴体に剣のような尻尾をつけている。昔から邪悪なものを追い払う力があると信じられ、神輿が渡御する際の先導役として、行く先々を祓い清める役割をになっている。

牛鬼の起源には諸説あるが、広く知られているのが、豊臣秀吉の朝鮮出兵の際、加藤清正が城攻めに使った亀甲車という一種の戦車を起源とする説である。亀甲車は、兵が中に入る箱型の車の外側を牛の革で覆い、敵を脅かすために棒に刺した牛の首を飾っていた、という。

牛鬼（山車）は、大人が20～30人で神輿のように担ぐ。長い首は、可動式になっていて上下左右に動かすことができる。胴は、竹で編んで上から棕櫚の皮か布で覆う。基本的な構造はどの牛鬼も同じだが、大きさや色はさまざまで、大きなものでは高さが5メートル、長さ5～6メートルにも及ぶものもある。

約20体の牛鬼が市内を練り歩く牛鬼パレードは、まつり最終日の昼過ぎから行なわれる。祓いをしながら進み、商店が軒を連ねるところでは、右に左に大きく蛇行し、首を振り、店先に頭を突っ込みながら進んでいく。

最大の見せ場は、コースに2カ所ある練り場。はじめの練り場では、はじめに1体が胴体を激しく回転させたり、神輿のように何度も担ぎあげたり、観客に向かって勢いよく頭を突っ込むような仕草をする。次に2体が闘牛のように頭と頭を突き合い激しくからみあう。また、第2の練り場では、それにさらに1体が加わって3体で迫力ある突きあわせを披露する。そして、2カ所で練ったあとは和霊神社に向かうのである。

うわじま牛鬼まつりでは、このほかに子ども牛鬼パレードや宇和島おどり大会、打ち上げ花火大会なども行なわれる。

三嶋神社どろんこ祭

三嶋神社（西予市）で毎年7月第1日曜日に行なわれる。奥伊予の奇祭として知られるが、御田植祭である。

当日は、三嶋神社横の田で、まず7頭の牛による勇壮な代かきからはじまる。横一線に並び、ぐいぐいと力強くかきあげると田は泥の海に。その後、畔豆植えが行なわれる。これは、田の畔に大豆を植える作業をおもしろおかしく表現したもの。4人の若者のまじめな作業は束の間で、組んずほぐれずどろんこになって笑いを誘う。その後、3人の太夫とまつりの主役である大番によって「サンバイ（田の神）降ろし」が行なわれる。これは、無病息災と五穀豊穣を祈念する神楽で、大番が鉦・太鼓の軽快なリズムにあわせて3人の太夫を次々と泥田へ引きずり落とす。その後、菅笠に浴衣姿の早乙女たちが、田の中に設けた特設の舞台で「稲穂踊」や「城川音頭」を演じる。さらに、太鼓とササラの拍子にあわせ少年たちとて田植唄を歌いながら、苗を植える仕草が披露する。

道後温泉祭　　　　毎年3月19日から21日までの3日間行なわれる道後温泉のまつり。

　道後温泉は、日本最古の温泉として知られる。だが、嘉永7（1854）年11月の地震で温泉の噴出が止まってしまった。それは、土地の人びとにとっては死活問題であり、寒中に裸参りまでして神仏に祈った、という。そのかいあって、翌安政2（1855）年2月に再び湯が湧くようになった。それに感謝して、旧暦2月20日・21日を祭日とし、温泉のそばにある霊石に神楽を奉納し湯祈禱を行なうようになったのがはじまりである。その後、花魁道中や仮装行列、山車行列、道後踊なども行なわれるようになり、現在では市の観光政策とも結びついて、まつりの3日間は昼夜をわかたぬにぎわいをみせている。

ハレの日の食事

　大皿によそった素麺の上に煮たタイを丸ごとのせた「鯛麺」は、祝い事に欠かせない。また、宇和島地方の祝いの料理に「福めん」がある。これは、大皿に刺身コンニャクの細切りを盛り、上に白身魚のそぼろや錦糸卵、ネギなどを盛りつけたものである。

　南予地域のまつりや祝いの代表の料理には、鉢盛り料理でフカの湯ざらしがある。フカとはサメのことで、主にホシザメを使う。厚さ1センチに切ったサメの肉を湯通しして塩水で身をしめ、熱湯でゆでて冷やしてから酢味噌、麦味噌につけて食べる。

寺社信仰

石鎚神社

寺社信仰の特色

愛媛県は昔、伊予や愛比売とよばれていた。現在、愛比売命を祀る伊予市の伊予神社と松前町の伊予神社はともに名神大社伊予神社の論社である。主祭神は前者が弥邑神（月夜見尊）、後者が伊予国を治めた彦狭島命（伊予皇子）である。弥邑神は御谷山の夕日の面に祀られ、朝日の面には天照大神が鎮座、山頂には大山積神が天御中主神を祀ったという。

大山積神は伊予一宮の大山祇神社の主祭神である。同社は瀬戸内海に浮かぶ国名勝の大三島（大島／三島）に鎮座し、日本総鎮守や三島大明神と崇められてきた。全国1万社余りの大山積神を祀る総本社であり、昔は四国55でもあった。神体山の安神山には石鎚神社の祠があり、鎖場も設けられている。祠は西日本の最高峰である石鎚山を向く。

石鎚山は日本七霊山の一つで、山頂の弥山には石鎚神社の頂上社が鎮座する。山岳修験の霊場となり、金剛蔵王権現や子持権現が祀られた。山中には石鎚神社成就社や奥前神寺、四国60横峰寺、四国36不動23極楽寺、山麓には石鎚神社本社や四国64前神寺などが建つ。

松山市の宝厳寺は捨聖と崇められた一遍房智真の生誕地とされる。一遍は河野氏の一族で、久万高原町の四国45岩屋寺や長野県の善光寺で修行し、和歌山県の熊野本宮で時宗を開き、全国を遊行して人々に踊念仏を勧めた。一遍以前にも伊予は別当大師光定という偉人を輩出している。光定は京都府の比叡山延暦寺を30年以上も護持したことから「天台宗を開いたのは最澄、天台宗を築いたのは光定」と称された。松山市の仏性寺は光定が両親の菩提追善のために開いたと伝える。

功臣ゆえに斬殺された山家清兵衛公頼も偉人で、宇和島市の和霊神社に祀られている。裏手の駄場では突き合い（闘牛）が行われ〈南予地方の牛の角突き習俗〉‡が伝承されていた。例祭（和霊大祭）には闘牛大会も行われ、走り込みや鬼面獣身の牛鬼の山車が見所となっている。

　凡例　†：国指定の重要無形／有形民俗文化財、‡：登録有形民俗文化財と記録作成等の措置を講ずべき無形の民俗文化財。また巡礼の霊場（札所）となっている場合は算用数字を用いて略記した

主な寺社信仰

薦田神社（こもだ）

四国中央市土居町畑野。東禅寺城（東禅寺館）の址（あと）に建ち、中尾（畑野）城主であった薦田備中守儀定を祀る。境内には城主の墓も残る。中尾城が詰めの城であったのに対し、東禅寺は平時に城主が住した里の城であった。儀定は一族の渋柿城主薦田義清とともに土居町を両分して領したが、長曽我部氏の軍門に降り、1585年、豊臣秀吉の四国征伐の命を受けた小早川隆景によって滅ぼされた。盆の8月16日に境内で奉納される〈畑野の薦田踊り〉は儀定の霊を慰めるために城下の里人が始めたと伝えられる。巨石に寄り添って育った桜の大木を中心にして、揃いの法被（はっぴ）を着た男児が締め太鼓と鉦（かね）を鳴らして囃しながら輪踊りし、その外側では男衆が輪になって全12曲を歌いながら舞う。当社での奉納に先立ち、地区内の阿弥陀堂の境内でも6曲の初めの一首ずつが踊られる。

伊曽乃神社（いその）

西条市中野甲。景行天皇の皇子である武国凝別命（たけくにこりわけのみこと）が当地開拓の際に天照大神荒魂（あまてらすおおかみあらみたま）を祀り、後に子孫の御村別が祖を併祀（へいし）したのが始まりという。名神大社で礒野神（いそのかみ）と崇められた。鳥居の脇には石鎚山の神が投げたと伝える石が残り、宝物館には日本三大古系図の一つ与州新居系図（いよしんきょけいず）がある。例大祭は10月で、石岡・飯積・嘉母（かも）の3社とともに〈西条まつりの屋台行事〉を営む。ダンジリ（屋台）が総計121台も奉納されることから、日本最大の祭礼とも称される。西条の1年はこの祭で始まるといわれ、市内では10月から始まるカレンダーが販売されている。社の南側に建つ保国寺（ほうこくじ）には1430年頃の築造と推定される庭園がある。多くの伊予青石（あおいし）を配した見事なもので、国名勝に指定されている。昔は保国寺の塔院24所の第1位であった金光院が当社の別当と神宮寺を兼帯していた。

黒滝神社（くろたき）

西条市丹原町田滝（たんばらちょうたたき）。黒滝山の山中に鎮座し、麓に遥拝所がある。三河国の猟師で弓の名人であった神介（神助）四郎左衛門が十二社大権現を祀ったのが始まりと伝え、本殿の隣には神介を祀る前盛塚がある。神介は権現谷で1匹の大猿を見つけ、矢を射つが1本も当たらず、ついに猿は12枚の神鏡に化したという。黒滝権現は石鎚権現の妹だが、石を投げ合って以来仲が悪く、田滝の人が石鎚山に登ると鎮

から振り落とされるとも伝える。田滝は井戸を掘っても水が出ない土地で、昔は水不足が深刻であった。干ばつになると里人は当社で雨乞いをし、数人の男が交替で雨が降るまで日夜踊り続けた。ある年の雨乞いで神前の簾が上下に動いたかと思うと急に大雨が降り出したことから〈お簾踊り〉と称されたという。優雅な扇子踊りで、踊りの休憩時の早口言葉が珍しい。

加茂神社　今治市菊間町浜。菊間の氏神で、京都の上賀茂・下賀茂・貴布祢・松尾の4社の祭神を祀る。菊万庄は1090年頃に上賀茂神社の荘園となっており、その頃に京の神々を勧請したのが始まりと考えられている。10月の例大祭には、走り馬や走り込みとよばれる、勇壮にして華麗な〈お供馬の行事〉がある。美しく着飾った少年の乗子と、鞍や装飾具をつけて正装した神馬が、人馬一体となって参道馬場を一気に駆け抜ける。馬はその後、牛面の牛鬼や提婆（猿田彦）、末社の神輿などとともに、御旅所まで神輿渡御の供をする。白装束の輿丁の掛け声は伊勢音頭である。神賑わしに出る獅子舞は、人の上に人が乗り立って舞う、継ぎ獅子である。当社では3人で継ぐ舞が出るが、今治市の波方玉生八幡神社などに伝承される〈今治及び越智地方の獅子舞〉では超絶の五継ぎも出る。

船越和気比売神社　松山市泊町。4月20日・21日の島四国巡りで有名な興居島の中央に鎮座。伊予皇子（越智氏・河野氏の祖）の妻、和気姫を島の氏神・守護神として祀る。姫の第3子の小千御子が、母の居る島として母居島とよんだのが島名の由来と伝える。昔は船越宮と称され、1054年に船越八幡宮、1870年に現称に改めたという。旧社地は北方にある集会所の脇で、そこには和気姫の墓と伝わる塚がある。例祭は10月で、漕伝馬3艘、踊り伝馬、神輿伝馬とが1組になって海上渡御し、踊り伝馬では〈興居島の船踊〉‡が黙劇で演じられる。船踊は忽那七島に本拠を置く伊予（河野）水軍が凱旋した際、浜に出迎えた島民の歓迎に応えて船上で戦闘の様子を身振り手振りで伝えたのが始まりと伝え、近年では伊予水軍凱旋踊や大坂落城、曽我兄弟富士の巻狩などが演題となっている。

徳正寺　松山市福見川町。現在は阿弥陀堂のみが残り、地元では下ノ庵とも称される。毎年盆の十五夜には供養会（祈禱）があり、古風な念仏踊である〈福見川の提婆踊り〉（庭入り）が行われる。踊の後

で参列者に下げ渡す御御供を戴くと夏病みしないという。最後はバンバ音頭や木山音頭で盆踊をする。村最大の行事で、この日は昔から不思議に雨が降らないという。1585年、一帯を治めていた得能通友の奥之城（松山市宿野町）が落城、この様子を村人が見に行って以来、村では悪病の流行や作物の被害が相次ぎ、祟りと考えた村人は、通友らを弔う念仏踊を始めたという。城址では今も通友一族を乗せた首無し馬が走るといい、日浦地区では奥之城守七人大将の霊を慰める川施餓鬼を盆に営んでいる。

大宝寺（たいほうじ）

久万高原町菅生。四国44で四国遍路の中札所と称される。大宝元年、安芸国の狩人明神右京・隼人の兄弟が十一面観音を祀ったのが始まりと伝える。昔は天台宗で、今は真言宗である。1874年までは四国45岩屋寺を奥の院としていた。境内の陵権現は後白河天皇の妹を、掘出観音堂は1934年に予言で牛頭天王堂脇から出土した観音像8体を祀るという。大宝口にある久万美術館は1989年開館で、山草園内に茶堂を設けている。〈伊予の茶堂の習俗〉‡を受け継ぐもので、2015年からは地元のアート夜話の会が茶や饅頭の接待を始めた。茶堂は吹き抜けの簡素な小堂で、南予から土佐北西部の山間集落には今も多く残り、住民の親睦や信仰、旅人の安息の場となっている。1973年にできた東温市南方の茶堂公園も茶堂の精神を受け継ぎ、秋には芋炊き会場として賑わう。

瀧姫神社（たきひめ）

松前町浜。松前港に突き出た天保山に龍王社・厄除社とともに鎮座。お瀧姫様を祀る。瀧姫は京の公卿の妹で、伊予流刑で当地に至り、生きるために魚の行商を始めたという。姫の没後、松前の婦女子は姫を祀り、姫と同じ格好で魚を行商したと伝え、これが魚売婦さんの始まりと信じられている。昔は大干ばつになると、三嶋宮（東温市野田・牛渕）の宮司が松前に来て御面雨乞いを行った。最終日には「御本城御用」の赤絹の幟を先頭に、御面と浜で汲んだ潮水を奉持した行列に魚売婦さんが加わり、「雨をたもれ滝宮どん」と唱えながら約30km先の雨瀧三嶋宮（東温市河之内）へ行き、御面映の行事を営んだ。松前港は関西随一の良港と称され、男は漁業、女は行商に励んで繁栄した。近代には珍味発祥の地となり、現在も日本一の小魚珍味加工生産量を誇っている。

高昌寺（こうしょうじ）

内子町城廻。国の重要伝統的建造物群保存地区「八日市護国」の最上部に建ち、護国山と号す。曹洞宗。新四国曼荼羅霊場50番。周防国泰雲寺の覚隠永本門下の大功円忠が1441年に創建した浄

久寺（常久寺）に始まり、当地に曽根城を築いた曽祢左衛門督高昌の帰依を受け、1556年に高昌の菩提寺となり現称に改めたと伝える。18世の慈舟台漸が始めた3月15日の涅槃祭は、稚児行列や餅撒があって賑わう。20世の吟蜂卓龍は1769年に選仏堂（雲堂）を創建した。下手には国重文の上芳我家住宅があり、木蝋（櫨蝋）の生産施設が往時のまま残され、木蝋資料館には〈内子及び周辺地域の製蝋用具〉[†]が展示されている。芳我家は国内最大規模の製蝋業者で、21世紀初頭に伊予式箱晒蝋の輸出で巨万の富を築いたが、パラフィンと電灯の普及により大正時代に製蝋から撤退した。

三崎八幡神社（みさきはちまん）

伊方町三崎（いかたちょう）。日本一細長い半島である佐田岬半島（さだみさき）（三崎半島）の最先端、三崎15ヶ浦の総氏神（大氏神）で、半島最高峰の伽藍山（がらんやま）と向かい合わせに鎮座する。宇佐から石清水へと八幡神が勧請された翌年に当地に分祀されたと伝え、正八幡宮と称された。10月の例祭には四ツ太鼓と牛鬼の合戦の他、五ツ鹿、相撲甚句（すもうじんく）、唐（から）（荒）獅子、浦安の舞も出る。旧三崎町では8月に亡霊やモーロウとよばれる盆行事が各地で行われる。鉦（かね）や太鼓に合わせて念仏を唱えながら円を描いて歩き、最後は新仏（しんぼとけ）を供養（あた）して海へと送り出す。伽藍山北麓（がらんやま）の松地区ではモウナといい、着物の裾辺りに鮑（あわび）の殻を付けた等身大の女の人形をグルグルと回し、新仏の数だけ激しく揺さぶり、翌日に焼く。これらは旧瀬戸町（とちょう）の御精霊船（おしょうろぶね）とともに〈佐田岬半島の初盆行事〉[‡]と総称されている。

三滝神社（みたき）

西予市城川町窪野（せいよ しろかわちょうくぼの）。山中に八十八滝・九十九渕（ふち）を有する三滝（御岳）（みたけ）城址に鎮座。城の守護に吉野山から蔵王権現を勧請して創祀したと伝える。1588年、最後の城主となった西園寺十五将（さいおんじじゅうご）の一人、北ノ川殿こと紀式部卿親安（きのしきぶきょうちかやす）を合祀（ごうし）、豊親山蔵王大権現（とよちかさん）と称された。1909年、窪野の30社を合祀して現称とした。4月には親安を偲んで〈窪野の八つ鹿踊（しかおどり）〉[‡]が奉納される。西隣の遊子谷（ゆすだに）では秋祭に七鹿踊が伝承されている。その踊は泉川（いづみかわ）と上川（かみがわ）の集落が出していた。上川では年に十数回も御講（おこう）を催したが、戦争の激化で1941年に簡素化、戦後は過疎化で1959年に年1回へ統合、早朝から住民総出で神仏を巡拝し、座り念仏や御詠歌（ごえいか）を唱和し、お伊勢踊りを行うことで、〈城川遊子谷の神仏講の習俗〉[‡]を伝承している。

八幡神社
（はちまん）

宇和島市伊吹町。宇佐八幡より分霊を勧請して創祀し、板島郷総鎮守の氏神として崇められたという。境内には樹齢800年と推定される伊吹の巨木があり、国の天然記念物に指定されている。伊予守であった源義経が1182年に植樹させたと伝え、町名の由来ともなっている。伊達氏入部後は伊達家の祈願所となり、1704年には宇和郡総鎮守とされた。例祭は10月16日で、神輿、四ツ太鼓、走り込み、牛鬼など南予の伝統的な秋祭が催される。6月30日の夏越大祓（夏祭・輪抜け）には〈伊予神楽〉⁺の奉納もある。当社には1305年銘の神楽面や、当社神主の渡辺豊前守源応曹が1738年に編纂した神楽台本『伊予神楽舞歌並次第目録』が残されている。神楽は全35番で、いずれも斎戒沐浴した神職が奏上する厳粛なものである。男神子神楽ともいい、昔は四国神楽とよばれていた。

伝統工芸

菊間瓦

地域の特性

愛媛県は、四国の北西に位置する。北側には、瀬戸内海に面して平野が広がり、南側には、西日本で最も高い標高1982mの石鎚山がそびえている。瀬戸内海と西側の宇和海には塩飽諸島など200余りの島々がある。穏やかな気候と、海と山双方の美しい自然に恵まれた地域である。

愛媛県の東部、東予地域は、瀬戸内海の海運に恵まれており、江戸時代中期から別子銅山や今治の綿織物、伊予手漉き和紙などの地場産業が発達した。変革期を乗り越えて、現在は、機械・化学、タオル、製紙など県の製造業の約7割が集中している。

県中部の中予地域は、松山市を中心とする地域で、兵庫県の有馬温泉、和歌山県の白浜温泉と並ぶ日本三古湯の一つ、道後温泉がある。松山市の南内にある砥部町の外山で切り出された砥石は、伊予砥と呼ばれ、1000年以上前から使われていたとされるが、江戸時代に、松山藩の命により砥石の屑を利用した磁器の製造に成功し、使い勝手のよい「砥部焼」として現在も愛用されている。

南予地域には、細長い佐田岬半島やリアス式海岸があり、樹林深い四国山地のお蔭で宇和海に好漁場が広がる。養殖漁業や柑橘農業も盛んである。大洲は、ミツマタなどから和紙づくりが古くから行われ、江戸時代には大洲藩の奨励もあり、書道半紙が好評を博した。大洲藩は内子町のハゼの栽培も奨励し、「内子和ろうそく」が製造された。愛媛県には、海運、温泉、農業など郷土の強みを活かした伝統工芸が受け継がれてきている。

伝統工芸の特徴とその由来

愛媛県の伝統工芸は、江戸時代に由来するものが多い。当時は、伊予八藩と天領に分かれていた。伊予八藩とは、今治藩、伊予松山藩、西条藩、

小松藩、大洲藩、新谷藩、宇和島藩、伊予吉田藩である。なお、現在の今治市には、天領と松山藩、今治藩の領地があった。

今治の桜井では、船で和歌山から漆器を仕入れ、九州へ運んで売り、陶磁器を仕入れて大坂で売る椀舟行商に由来する桜井漆器の製造が江戸時代に始められた。菊間町では、地元の土で菊間瓦をつくり、松山藩のもとで各地へ船で出荷した。

松山では、江戸時代に瀬戸内海で盛んになったワタ栽培を活かした綿織物が伊予かすりへ発達し、明治時代に最盛期を迎えた。道後温泉の土産品として知られる姫だるまや姫てまりは、城下町の伝統工芸らしく、手をかけて華やかに仕上げられた愛らしい装飾品である。

南予の大洲では、大洲和紙や内子和ろうそくが藩の振興策もあって江戸時代に発達したが、和傘や高張提灯などもつくられてきた。愛媛県では、大洲和紙のほかに、伊予手すき和紙や周桑手すき和紙などもあり、紙漉きに欠かせない伊予簀がつくられている。竹ひごを絹糸で編む技術に熟練を要する伝統工芸であり、全国の和紙にとって大切な道具である。

知っておきたい主な伝統工芸品

砥部焼 (伊予郡砥部町)

砥部焼の特徴は、日常使いに最適なことである。手づくりで使い勝手がよく、手ごろな値段。ぽってりとした厚みによる堅牢性と、盛り付けを引き立てる、白磁に藍色のゆったりとした染付の柄。清潔感、明るさ、温もりのある器が多い。

砥部は盆地で、山裾の傾斜に窯を築き、豊富な木材を燃料として古くからやきものが行われていた。6～7世紀の須恵器の窯跡から出土した「子持高杯」に当時の技術の高さがうかがえる。奈良・平安時代には、砥石山から切り出される砥石が「伊予砥」としてその名を知られていた。

江戸時代、大洲藩は伊予砥の生産に力を入れたが、砥石屑の処理は重労働で村人の負担であった。当時、伊予砥の商社であった大坂の商人・和泉屋治兵衛が、天草の砥石が磁器の原料となることを知り、大洲藩に、伊予砥の屑石で磁器をつくることを進言した。大洲藩は、苦難の試行錯誤の末、1777 (安永6) 年に白磁の焼成に成功した。その後、地元での釉薬や磁石の発見や絵付けの技術の進展などもあり、明治時代以降、砥部焼は海外への輸出比率が7割を超えるまでになった。大正時代末期からは、不況によ

る需要減退や機械化の遅れにより生産が衰えたが、戦後は、手づくりのよさが民藝運動の柳宗悦などに高く評価され、復活した。

最近は、伝統的な技法にこだわらないモダンで新鮮な作品も多くなっている。

大洲和紙 （喜多郡内子町）

大洲和紙の書道用紙は、薄くて強く、漉きむらがないことに定評があり、全国の書家に愛用されている。障子紙も、寺院や茶室、住宅に選ばれて使われる品質を誇ってきた。最近では、デザイナーと共同し、ギルディング加工を取り入れた、壁紙、タペストリー、額装を始め、こより和紙のスクリーンや文具類、アクセサリーまで、上質な和紙の味わいと洗練されたスタイルをそなえた商品を提供している。

原料は、コウゾ、ミツマタ、ガンピのほかにアサや藁などである。原料を煮たものを叩いて細かい繊維にして水に溶かし、漉いて紙にする。特に紙漉きには、伝統的な「流し漉き」の技法が受け継がれている。女性たちが一人、一日に100枚以上を確実にリズムにのって漉いてゆく。

大洲和紙は、平安時代からつくられていたといわれている。清流小田川の水を使用した流し漉きで抄紙が行われていた。905（延喜5）年に編集を始めたとされる『延喜式』に、公用紙を上納した40数カ国に大洲も含まれていたと記されている。江戸時代には、大洲藩が紙漉きの技術に優れた者を召し抱え、紙漉きを藩の産業として振興した。大坂で売り出された和紙は評判となり、その名を高めた。

大洲和紙の産地では、五十崎町に400年にわたり伝承されてきた「いかざき大凧合戦」に貼られる凧紙も製造している。産地には、和紙の製造工程の見学や紙漉き体験ができる工房があり、半紙や障子紙、ちぎり絵に仕える染紙や和紙の小物などを扱う大洲和紙会館がある。

内子和ろうそく （喜多郡内子町）

内子和ろうそくの特徴は、渋い鶯色のさりげない外観の魅力だけではない。明るく大きな揺らぎのある炎は、煤が少なく、長もちする。無風であれば蝋が垂れず、多少の風では消えない。植物性の蝋は、地球に優しく、温かみのある炎を灯す。家庭での癒し、お寺の法要、茶席、ディナー、婚礼、非常時などの場に、炎で心の安らぎをもたらしてくれる。

内子和ろうそくの蝋はウルシ科のハゼの実、芯は畳で使われるイグサか

らつくられる。ハゼは沖縄原産の日本特有の植物で、その実を砕いて蒸し、圧し潰して木蠟を採る。木蠟は、鬢付け油などにも使われ、江戸時代には各藩が競って栽培したという。現在も、植物由来の安全なワックスの一つとして、食品や化粧品、トナーなどに幅広く使われている。

　江戸〜明治時代にかけて木蠟と和紙で栄えた内子町に、「はぜとり唄」が伝えられている。10mにもなる木の離れ小枝にある実を採りたいが、恐ろしいのは命綱がもつか枝を折らないかだとある。枝を傷つければ、翌年から実がならないという。

　イグサを和紙と真綿でまとめた芯を竹串に通し、40〜45℃に溶かした木蠟（生蠟）を素手ですくい上げる「生掛け」を繰り返し、最後に50℃くらいの蠟を塗って艶を出してろうそくに仕上げる。

　明治時代末頃の最盛期、内子は日本の木蠟の約3割を生産していたともいわれている。大洲には、明治時代に木蠟貿易で成功した豪商が建てた別荘、臥龍山荘がある。内子和ろうそくを訪ねた後に、足を延ばして、室内外に施された漆工、木工、表具などの伝統工芸を訪ねてみたい。

菊間瓦（今治市）

　菊間瓦は、和風建築の屋根をいぶし銀に輝く優美な姿に見せるだけでなく、防水性、耐寒性、耐久性などの機能面も充実しているため、文化財、神社仏閣、数寄屋建築などに使用されている。菊間瓦は、屋根を美しく見せる寸法と、鬼瓦など細工の巧みな役物瓦（道具瓦）が多いことに特徴がある。

　瀬戸内海に面した菊間町は、温暖で雨が少なく、瓦を自然乾燥するのに適している。町内に「五味土」という瓦の原料があり、窯焚きの燃料となる松葉にも恵まれていた。しかも、海運により、混合する原材料や商品の運搬が容易であったため、瓦の産地として発展した。

　菊間で瓦づくりが始まったのは、弘安年間（1278〜88年）と伝えられている。伊予の豪族河野氏の城に瓦を納めた記録があり、城跡から菊間瓦の破片が発見されている。1573（天正元）年に、織田信長が安土城築城に際し、中国の瓦博士一観を招き、「燻し瓦」などの製法を指導させたといわれている。一観は、菊間にも木型製法などの技術を伝えたとされ、菊間瓦の量産が始まった。江戸時代には、松山藩が産地を管理指導した。明治時代には、皇居御造営瓦に三河瓦、和泉瓦と菊間瓦の3産地が選ばれ、全国で菊間瓦の評判が高まった。

現在は、瓦を葺く場が減少しており、瓦タイルや外壁材など新たな用途の開発、提案を試みている。

伊予かすり（松山市）

伊予かすりは、好みの絵柄を選べることに特徴があった。基本の井桁や玉がすりを始め、花や波、鳥などさまざまな柄があり、色も藍に加えて赤や緑などの差し色が楽しい。しっかりした織りと、さらりとした綿の肌触りも魅力的だ。

伊予かすりは、久留米絣、備後絣とともに日本三大絣の一つである。江戸時代、瀬戸内海沿岸にワタ栽培が広がった。元禄年間（1688〜1704年）には、農家の女性たちが、農作業の合間に織物を始め、伊予結城あるいは松山縞と呼ばれる木綿の縞織物として流通するようになった。

1782（天明2）年に今出（現在の松山市西垣生町）に生まれた鍵谷カナが、藁屋根の竹材の縄目跡が白いことに着目し、絣織をつくり出した。出生地の名から、今出かすりと名付けた。これを菊屋新助が考案した綿高機など、能率のよい機で織ることにより、全国的に普及するようになった。明治時代には全国生産の約3割を占めたこともあるという。大手問屋だけに頼らず、行商人の地道な努力で地方の村や町にも届けられたといわれている。

しかし、きものとともに絣の需要も低下した。現在では、民芸伊予かすり会館の事業として受け継がれている。会館では、機織の実演やかすり製品の展示販売を行っている。1980（昭和55）年に、愛媛県指定の伝統的特産品となった。

桜井漆器（今治市）

桜井漆器の特徴は、「櫛指法」と呼ばれる製法にある。重箱の角を櫛の歯型に組み合わせる技術で、角がしっかりとかみ合うため丈夫である。継ぎ目が離れにくいことから、縁起物として贈答品に重宝されている。また、桜井漆器には、その成り立ちから各地の漆器の技法があり、塗も、蒔絵や沈金などの技術も多彩であり、時代に敏感なことも特徴の一つである。

今治市は、関西と九州の中間の港町で、年貢米や商品を運ぶ海運業が発達した。今治にある桜井は商人の町で、農具などを仕入れ、販売していた。やがて、舟を借り、和歌山へ行って漆器を仕入れ、九州で売ってやきものを仕入れ、大坂で販売する「椀舟行商」を行うようになった。

商品である漆器を桜井でつくるようになったのは、1828（文政11）年に月原紋左衛門らによるとされている。「櫛指法」が創始されたのは天保年間

（1830〜44年）である。蒔絵や沈金の技法は、輪島塗（石川県）からも取り入れたという。第二次世界大戦（終戦）後を境に行商は衰退していったが、松山の道後温泉に蒔絵の技を活かしたパネルを納めるなど、現代生活を豊かにする漆の仕事が続けられている。

　なお、椀舟行商は、高価な漆器を売るために月掛け販売を始めた。これが、現在の割賦販売の起源であるともいわれている。

民 話

地域の特徴

　愛媛県は四国地方の北西部で、北は瀬戸内海、西は宇和島湾に面して大小200以上の島があり、佐田岬以南は豊予海峡から太平洋に通じる。温暖な小雨地帯で穏やかな自然環境であるが、近年は台風や集中豪雨もある。

　『古事記』の国生み神話では、淡路島に次いで2番目に生まれた島である。「伊予国謂愛比売（伊予国は愛比売と謂ひ）」の「愛比売（美しい女性）」が「愛媛」に転じたといい、神の名が県名に残る唯一の県とされる。また、古代の港「熟田津」は『万葉集』で額田王が「熟田津に船乗りせむと月待てば潮もかなひぬ今は漕ぎ出でな」と詠んだ歌でも知られ、今の道後温泉にあった舟着場とされる。江戸時代は「伊予八藩」に分かれていたが、現在でも今治市・西条市以東の東部「東予」、中央部「中予」、大洲市・内子町以西の南部「南予」の3地域に区分されて呼ばれることが多い。

　四国の玄関口ともいわれ、近隣県とのネットワークは「しまなみ海道」「安芸灘とびしま海道」を通じて、東予・中予は瀬戸内海圏域と、南予は九州圏域との文化的・経済的結びつきが強い。県庁所在地の松山は道後温泉を含む観光施設で知られ、夏目漱石の『坊ちゃん』の舞台ともなった。俳人正岡子規などの文化人を輩出するなど、教育熱心な県としても知られる。

伝承と特徴

　愛媛県の民話調査は『伊予の民話』に始まり、『愛媛の昔語り』『えひめの昔ばなし』『伊予の昔話』『伊予大三島の昔話』などが刊行された。組織的調査としては、1972年に京都女子大学説話文学研究会や大谷大学説話文学研究会により南予・東北部（北宇和郡）の一部が、1975年に日本口承文芸協会により伊予大三島の調査が進められた。

　伝承の特徴としては南予の山間部に本格的な昔話が多く、なかでもトッポ話は頓智に富む豊かな話で有名である。地域的傾向としては東予、中予

に比べ南予のほうが話も多い。四国他県と同様に弘法大師伝承が多いほか、「子育て幽霊」「蛇婿入」「手無し娘」「食わず女房」「田野久」「蛸の足の八本目」「和尚と小僧」「狐退治の失敗」「団子智」「愚か村話」「古屋の漏り」などが伝えられる。女性の語り手による温和な内容が特徴とされる。世間話では伊予狸やカワウソに化かされた話、海上に現れる妖怪・変異などが現在も伝承されている。近年は歴史遺産の点から、瀬戸内海の島嶼部にわたる水軍伝説が注目され、広島県とともに三島村上氏（能島・来島・因島）の調査が進められている。

おもな民話（昔話）

トッポ話　とほうもない、あっと言わせる笑話を「トッポ話」として伝えてきた。「トッポ」とは方言で変わったこと、面白おかしいことを意味し、「とっぽさくなことを言ううち」ともいわれた。

　特に、京都青蓮院の荘園であった南宇和郡御荘町の「黒おじトッポ話」は有名である。本名は尾川九郎治、褌姿で体は真っ黒に日焼けし「黒おじやん」と慕われ、一度に13羽の鴨を仕留めた頓智話や、戦時下の笑い話を仕事の合間に語り伝え、以後のトッポ話にも影響を与えた。北宇和郡津島町の岩松トッポ、南宇和郡城辺町の山出トッポなど、多くのトッポ話があるが、潮風と南予の人々の気風により「御荘の人が3人寄ればトッポ話になる」ともいわれる。獅子文六の小説『てんやわんや』もこれらに基づき、一時期は大分の吉四六話と交替でラジオ放送されるほどの人気を博した。日常の一コマを素材とした機知に富んだ可笑しみは、娯楽と現実を行き来しながら、話を楽しむ人々を魅了した（『愛媛県史　民俗　下』）。

幽霊和尚（子育て幽霊）　「子育て幽霊」「飴買い幽霊」と呼ばれる話は全国に多く、高僧や名士にかかわる伝説的な語り方で知られる。西宇和郡保内町では、毎晩飴玉を買う女のあとを追うと6日目の晩に寺で姿を消す。泣き声のする墓場を掘ると飴玉をしゃぶる赤ん坊がいた。女は妊娠した遍路の行き倒れで葬られたばかりだったことがわかり、子どもは寺で立派に育ち「幽霊和尚」と呼ばれたという。今治市や松山市では学信和尚といい、京都の寺に預けられた話（南宇和郡城辺町太場）や弘法大師の話（南宇和郡城辺町西柳）として語られる。遍路の行き倒れや弘法大師誕生に結びつく点は、四国ならではといえる。

女の使った金は狐話の「銭は木の葉」的な要素で、今治市の話にも樒の葉が用いられる。これらは俗信「妊婦には六文銭」「妊婦は身二つにして埋める」などともかかわり、大三島では竹の節を棺桶の上まで出して耳に当てて、中の様子を聞く行為などが伝えられている。伝承の相違は各地の偉人伝だけでなく、葬儀をめぐる民間信仰とも深いかかわりをもつ（『日本伝説大系12』）。

犬の足

　犬の習性が愛媛県では弘法大師とともに語られる。昔、犬は3本足で不自由だったが、通りかかった大師が4本足をもつ五徳から1本を犬に付けてやった。以後、犬は大師からもらった足を汚さぬよう後ろ足を上げて小便をすると伝えられる。

　昔話としては東北から奄美大島まで広く分布し、西日本では弘法大師とする話が多い。岡山県・奈良県・岐阜県では大師が「笑」の字をつくろうとした時に、竹籠を頭に被り困っていた犬からヒントを得たとして、褒美に足を授けた複合型もあるが、愛媛県ではシンプルな形にまとめられている。大師を神様・殿様とする話（愛媛県上浮穴郡）もあるが、基本的には原題を「犬とお大師さま」と語る西宇和郡保内町の話に準じる。寺院縁起譚に限らず霊場巡りの途中の出来事として語る小話は、大師をいっそう身近な存在にしていった。

　日本の文献では17世紀後半の『初音草噺大鑑』「足一本は貰ひ物」に、3本足の犬が諏訪明神から五徳の足をもらったと記される。海外ではフランスやドイツにも類話が伝えられ、ベトナムでは1本足の鴨と3本足の犬の嘆きを、天の神たちが聞き机の足を1本ずつ与え、足を汚さぬように言われたので鴨は1本の足の上に眠り、犬は後ろ足を上げるとする。いずれにせよ本話は聖人と動物をめぐる話として語られている（『日本昔話通観22　愛媛・高知』）。

おもな民話（伝説）

衛門三郎と弘法大師

　道後温泉に近い石手寺には四国遍路の起源譚がある。昔、荏原郷に強欲長者の衛門三郎がいた。ある日、托鉢僧を疎ましく思って鉢を8つに割ると、8人の子どもたちが次々に死んだ。托鉢僧が弘法大師と知り後悔した三郎は、寺社に寄進し貧しい人にも施し、自分は大師に詫びるため四国巡拝に旅立った。しかし

20回巡っても大師に会えないので、逆回りをして徳島の焼山寺で倒れる。その時、枕元に大師が現れ彼を看取る。次の世では伊予の豪族に生まれ変わりたいと願った三郎に、大師は「玉の石」と書いた小石を手に握らせた。数年後、河野家に男子が生まれたが、右手を開かないので安養寺の僧が祈禱をして川の清流で洗ったところ手を開き、握られた石には「衛門三郎玉の石」と記され、以後安養寺は石手寺と呼ばれた。

　弘法清水型、石芋型、三度栗型など、大師をめぐる伝説はさまざまあるが、本話は四国遍路の起源に加え割られた鉢が降った鉢降山、落下した窪地の八窪、子供を供養する八塚などの地名由来に結びつく。石手寺の門を出て右手の小川沿いにある石段上には、番外札所の河野家ゆかりの義安寺もあり、この地ならではの弘法伝承といえる（『愛媛県史　民俗　下』）。

大森彦七と鬼女

西条市から今治市あたりは南北朝の動乱にちなみ「太平記の里」とも呼ばれ、伊予郡砥部町には『太平記』巻23「大森彦七事」をめぐる怪異譚が伝承されている。

　彦七は建武3（1336）年の湊川の合戦で足利尊氏に従い、楠木正成軍を討伐し莫大な恩賞を受けることになった。祝賀の猿楽が催される松前の金蓮寺への道中、砥部の矢取川を渡ろうとした時に、一人の美女が困っているのを彦七が背負い渡っていると急に重くなり、川面に映る女を見ると鬼であった。それは楠木正成の怨霊で、彦七は必死で戦ったが恐怖でついに亡くなったとする話と、幕府に報告して戦った時の刀を献上した話がある。川の途中で異形に変身するエンターテインメント性に満ちた展開は謡曲・浄瑠璃・歌舞伎十八番にも取り入れられ、地域の人々だけでなく伝統芸能へと継承された。鬼が消えた「魔住ヶ窪」（現・茄子ヶ窪）には地蔵堂が建てられた。また、鬼と遭遇して祝賀が中止となった経緯から、思いがけず大慌てな状態になることを「大ごと、金蓮寺」と言うようになったとも伝えられる（『伊予路の伝説』）。

水軍の母・和気姫

瀬戸内海は水軍の歴史でも注目され、松山市に属する興居島には伊予水軍河野家とゆかりの深い女性・和気姫の話がある。唐からうつぼ船で漂着した少女が漁師の和気五郎太夫に育てられ、後に河野家の祖先となる小千御子を生んだ和気姫の伝説である。伝承は中世期の『予章記』をはじめ、河野家関連文書や大三島の大山祇神社関連文書にも継承され、3人の子どものうち長子が伊豆、次

子が備前児島、末子が伊予国越智家の祖先となり、和気姫の住んだ「母居島」が後の興居島で、島内の船越和気比売神社の縁起にも結びつく。

　水軍に限らず武家の信仰を集めた大三島の大山祇神社をめぐっては、「瀬戸内のジャンヌダルク」の異名をもつ鶴姫が有名で、和田竜の小説『村上海賊の娘』でも話題となった。瀬戸内に生きた女性たちが歴史上注目されることは少ないが、母として女として家を支えた存在を後世に伝えようとする動きは、文芸の中に現在も受け継がれている（「愛媛県松山市興居島の和気姫伝説と河野家」『尾道市立大学日本文学論叢』12号）。

おもな民話（世間話）

四国に狐が住まぬわけ

　人を化かす動物昔話の中でも、狐と狸は親しみをもって語られてきた。しかし、四国では狐より狸が語られる傾向にあり、その理由が本話で明かされる。ある日、道後の殿様が部屋に行くと同じ姿の奥方が二人いた。部屋に閉じ込め様子を見ていると、一方の食事の仕方が不自然なので襟首をつかみねじ伏せると、狐が正体を現した。火あぶりにする直前、一人の僧侶が大勢の男女を引き連れ、「私たちは四国の狐だが、頭領狐が火あぶりにされると四国に祟りがある」と言う。そこで「今後は四国に住まない」という詫び証文を書かせて追いやり、その後は狸が幅をきかせたと伝えられる。本話は『本朝故事因縁集』や『伊予温故録』などにも記され、狐を追い出したのは河野道直と伝えるほか、ずる賢い狐より無邪気な狸を空海が好んだとも語られ、これにより四国は狐話よりも狸話が優勢となる。

　なお、広島県豊田郡には、愛媛県大三島の狐と広島県大崎上島の狸を話題にした「狸と狐の海戦」があり、尾道の「海を渡った狐」では四国の狐は広島県福山市の鞆の浦に上陸して散らばったとする後日談が語られている。対岸でありながら狐と狸のキャラクター設定に大きな違いはなく、むしろ四国全土に広がる狸話を裏から支えた話として、こうした狐話は興味深い（『日本の民話18　讃岐・伊予編』）。

いたずらカワウソ

　特別天然記念物ニホンカワウソは、愛媛県で遅くまで生息が確認され、人間との微笑ましい交流話も伝えられてきた。小さな足、毛がない、女に化ける、イタチや猫に似る、淵や穴に住む、川に入っても濡れない、そして何よりいたずら好きで

ある。東宇和郡宇和町では、橋の上で子供を抱けと言う女の願いどおりにすると、子どもが大石になったとか、宇和島市戸島では肩車をした千匹のカワウソの行列でひしめき合っていたなど、カワウソ話には事欠かない。

　一方でこれを避けようとする方法も伝えられる。大島（越智郡宮窪町）では水辺に現れたとき「たまげた」と言えば化かされず、南宇和郡内海町ではずっと見ていると大きくなるカワウソに、「見越した」と言うと小さくなり去って行くなど。『続今治夜話』では獺威の一つに放屁で追い払う方法が子どもへの戒めに紹介され、また、鮎漁でカワウソを見ると川魚が居なくなり松明が消えるという話もある。

　平安時代の『延喜式』から薬としても知られ、近世期の『御伽草子』「をこぜ」では山神と虎魚姫（おこぜ）の仲介を果たすなど、海と山を結ぶ川の動物ならではの幅広い活躍ぶりと、河童に似た珍奇な姿で親しまれてきた。現在、外来カワウソはペットブームの中でも大人気である。愛媛県の県獣で絶滅種ニホンカワウソは、民話の世界では今も魅力的に生存している（『愛媛県史　民俗　下』）。

瀬戸の海坊主

　鶏小島（にわとりこじま）は瀬戸内海国立公園に含まれる無人島で、伯方島と大島との間にある。神功皇后の金鶏が島に住み着いたのが由来で、元旦に「トーテンコー」の鳴き声を聞くと幸運に恵まれると伝えられる。このあたりは特に潮流が速く「船折瀬戸」（ふなおりせと）と呼ばれ、海坊主の話が多く伝えられる。近くを通ると船は進まず「杓をくれ、杓をくれ」と呼ばれるので、底のない杓（しゃく）を渡すと船に海水を入れようとする杓だけが見え、一番鶏が鳴くと水を汲まなくなり、船が動き出すという。また、漁の網が上がらず、一つの小島が二つの島に見えたりするとも伝えられる。宮窪瀬戸の鵜島（うしま）には相撲を挑む入道話があり、取り組んだ男の体中に毛が付き3日後に死に、入道も出なくなったと伝えられる。宇和島あたりでは海坊主に遭遇すると「金比羅様」を念じたり、鰯をくすべたり、マッチの火を投げたりすると退散するとも伝えられる。

　穏やかな印象で知られ「多島美」（たとうび）を誇る内海ではあるが、水軍の歴史や海に生きた船人の信仰を語る話も多い。航路を阻む怪異からは、瀬戸の海原に消えた人々に思いを馳せることもできよう（『愛媛県史　民俗　上』）。

妖怪伝承

牛鬼

地域の特徴

　愛媛県は四国の北西部に位置し、北は瀬戸内海、西は宇和海に面し、大小200以上の島がある。県内の8割が山岳地帯であり、西日本最高峰の石鎚山（1,982m）をはじめとする四国山地が東西に延びている。

　古代には、『古事記』によると四国は身一つにして顔が四つあり、その一つが伊予国であり、「愛比売」（美しい女性の意味）とよばれた。その名のとおり、気候は温暖、少雨地帯であり、穏やかな自然環境とされるが、古代より南海地震が周期的に発生し、台風や集中豪雨も多く、風水害、土砂災害も頻発している。日常は穏やかながらも、災害などの自然の脅威に立ち向かいながら人々は生活空間を形成してきた。

　愛媛県（伊予国）は、江戸時代には松山藩、西条藩、今治藩、大洲藩、宇和島藩など八つの藩に分かれていたこともあり、県全体でみると政治的、文化的な一体感に欠ける面がある。現在でも東部の「東予」、中央部の「中予」、南西部の「南予」の3地域に区分される。「東予」・「中予」は瀬戸内海に面し、古代より中央との人的、経済的、文化的交流が盛んであり、民俗文化に関しても瀬戸内海圏域との共通性が多い。しかし九州寄りの「南予」は方言、食文化、祭礼など「東予」・「中予」と異なる文化圏を形成している。

伝承の特徴

　江戸時代には八つの藩があり、各所に城や陣屋を中心とした都市が形成され、それに関する伝承が多い。松山では「松山騒動八百八狸物語」で知られる隠神刑部や築城の守護として植えられた榎に棲む六角堂の狸伝説など、藩主や城と関わる伝承がみられる。

　自然との関わりでいえば、各所の水辺に河童（エンコ）に関する伝承がある。今治市伯方町の「エンコ石」や西予市明浜町の「河童狛犬」などで

ある。また山間部の滝や淵には「牛鬼淵」があり、河童・牛鬼などは水辺の危険性を強調するために生みだされた伝承といえる。

　また、海に面した地域が多い愛媛県では船に関する怪異伝承が多く、「海坊主」や「船幽霊」の伝承が各地に伝わっている。

　山に関する伝承としては、山地で転倒した際に刃物で切ったような怪我をする「ノガマ」や、夜、山道を歩いていると足がもつれてしまう状態を「ノッゴ」に憑かれたという事例が多く、石鎚山の法起坊など「天狗」に関する伝承も多い。

主な妖怪たち

牛鬼 うしおに　宇和島市を中心とする南予地方の神社祭礼には「牛鬼」という全国的に類例のない練物が登場する。青竹で牛の胴体のように編み、赤布やシュロで全身を覆い、長い首の先に張り子（和紙）製の頭を付ける。その形相は牛とも鬼ともつかないものである。宇和島市の宇和津彦神社祭礼や和霊大祭などで、この牛鬼を10～20人が担ぎ上げ、神輿渡御の先駆けとして、家々に首を突っ込みながら悪魔祓いをしてまわる。牛鬼は江戸時代中期以降に各地の祭礼に登場していることが各種史料で確認できる。「牛鬼」は鳥山石燕『画図百鬼夜行』の全身が黒毛で覆われて、牛のように2本の角、口には牙があり、指が3本あるというイメージや、佐脇嵩之『百怪図巻』に描かれているような土蜘蛛系牛鬼のイメージとは別に、南予地方の祭礼牛鬼の形状は成立している。

　なお、祭礼とは別に「牛鬼」という妖怪に関する伝承もある。牛鬼の棲むとされる場所は、淵や滝、海など水に関するところが多い。宇和島市や西予市、久万高原町に「牛鬼」が棲んでいた淵や滝があり、地元の田畑を荒らしていたが鉄砲で撃たれて退治され、淵や滝に逃げ込んだという共通した話が残る（『愛媛まつり紀行』）。

海坊主　お盆には海水浴をしてはいけないといわれる。海坊主が足を引っ張るためである。海坊主の姿は具体的ではなく、図像化されているものはまれであるが、松山市沖の二神島の伝承では、海坊主は坊主頭で赤銅色をしており、目は丸く、手足と尾があるが泳ぎは人間よりも遅いという。この海坊主を見た者は長寿になるという話もある。海坊主に関する伝承が豊富なのは南予地方の宇和海である。宇和島市戸島では、赤

火（出産のケガレ）や黒火（死のケガレ）の者が船に乗り込んでいると、必ず海坊主に憑かれてしまうが、金毘羅様に念じ祈ると退散するといわれている（『愛媛県史民俗編 上』）。

河童（エンコ）

愛媛県内では河童のことをエンコとよび、その正体はカワウソであると説明されることが多い。カワウソは愛媛県の県獣であり、動物では県内唯一の天然記念物である。カワウソに関する伝承では、人間の側が彼らにいたずらされ、翻弄されている例が多い。八幡浜市では「漁師が沖で漁をしていると、カワウソがこっちこい、こっちこいと手招きするので、行ってみると、船が陸に上がってしまい、難儀した」などの伝承がある。河童の造形としては西予市明浜町高山に河童狛犬が残っている。1881（明治14）年に若宮神社に奉納された石造狛犬で、祭神の宇都宮氏がいたずらをした河童を捕えたが命乞いするので許してやり、その恩返しに鯛を持参したという伝承に基づいて製作されたものである。西条市小松町では、命乞いして助けてもらった河童がのどの小骨抜きの秘法を行う道具を与えたり、今治市伯方町では、もう悪さをしないと誓った河童がその証文に、海底から大石を持ってきて海岸に立てたという「エンコ石」など同様の河童の恩返しの話は多くみられる。八幡浜市では旧暦4月5日に海で河童（エンコ）におにぎりを奉納してその年の水難除けを祈願する行事も行われている『民俗の知恵』。

大人（オオヒト）

西予市宇和町山田には「大人様の足跡石」があり、この足跡は大人（オオヒト）が谷をまたいで歩いたとき、または、八幡浜市の金山出石寺の本尊と地元の山田薬師が長い棒で荷物をかついだときについたものだという。このような巨人伝説は各地で聞くことができるが、西予市と宇和島市境の歯長峠の伝説が有名である。足利又太郎忠綱は源氏に追われてこの地に居住した。力は百人力で、声は10里（約39km）に及び、歯の長さは1寸（約3cm）。このことから「歯長峠」と名前が付いたという。古くは江戸時代中期成立の『宇和旧記』にもこの巨人伝説が紹介されている。また、毎年正月16日に村境や橋などに藁製の大草履や大草鞋を吊るすという年中行事が南予地方から久万高原町各地で行われているが、これらも集落にこのような巨人が住んでいると強調して、外から悪疫を入れない目的で行われており、巨人伝説と関係するものといえる（『民俗の知恵』）。

首なし馬　愛媛県内各地に首なし馬の伝承は多い。松山市の御幸寺山（みきじさん）では合戦で討ち死にした城主の霊魂が馬に乗って出てきて、それを見る者は必ず患ったという話が江戸時代成立の『予陽郡郷俚諺集』にみえる。この首なし馬は御幸寺山から道後樋又にかけて駆け去るとか、松山城の東部を通り、南は伊予市の行道山まで至るともいわれる。そこには「首なし馬の通り道」といわれる場所があり、家を建ててはいけないという。首なし馬以外にも、縄目筋（ナワメスジ）や天狗の通り道などといって一定の道を妖怪が通るという話がある。首なし馬が通る際にはシャンチキ、シャンチキというかすかな音が聞こえるといい、シャンシャン馬・チンチン馬ともよばれていた（『愛媛県史民俗編 上』）。

大蛇　山間部の渓流などに大蛇が棲むという伝承を各地で聞くことができる。松山市の奥道後には大蛇伝説で知られる「湧ヶ淵（わきがふち）」がある。江戸時代初期にこの淵に大蛇が棲み、美女に化けて通行人を惑わしていた。これを湯山の城主三好氏が鉄砲で退治し、淵には三日三晩、大蛇の血が流れたという。以後、怪しい美女は現れなくなった。この大蛇の頭骨は地元の庄屋となった三好家に代々伝えられ、現在は奥道後に「竜姫宮」という祠を建ててそこで祀られている。なお、松山を訪れた夏目漱石はこの「湧ヶ淵」で「蛇を斬った岩と聞けば淵寒し」の句を詠んでいる。なお、近くにある四国霊場第51番札所石手寺にも大蛇の頭骨が保管されており、類似する伝承がある。また、西予市宇和町の大安楽寺には「蛇骨堂」とよばれる祠があり、これはかつて領主宇都宮氏がこの地を開墾しようとした際に大蛇が現れ、それを退治することで土地を治めることができたという伝承があり、開墾に伴う自然の脅威が大蛇として伝承化されたと考えることもできる（『異界・妖怪』）。

祟り神　柳田國男は「人を神に祀る風習」において全国の御霊（ごりょう）信仰のさまざまな事例を紹介している。御霊とは、霊のうちでも特に怨みをもった霊魂、すなわち祟りを表す怨霊のことである。生前に怨みを残して死亡した人の霊魂がさまざまな災厄をもたらすと信じられ、その霊を鎮めるために、神として祀り上げる事例が南予に多いことを柳田は指摘している。例えば宇和島市の和霊神社は江戸時代初期に殺害された宇和島藩家老の山家清兵衛（やんべせいべえ）が種々の祟りをなし、それを慰めるために建てられた神社である。非業の死を遂げた人が神に祀り上げられる例は宇和島市吉田

町の安藤神社、八幡浜市の金剛院神社など類例は多い。南予地方では神を「和霊さま」、「新田さま」などと「さま」付けでよぶ。ところが、松山地方では、伊予豆比古命神社（通称椿神社）のことを「椿さん」とよぶなど「さん」付けである。南予は御霊信仰が根強いなど、神がいまだ荒ぶる存在として認識されており、なれなれしく「さん」付けできず、「さま」と呼んで畏敬の念を抱いているとみることができる『民俗の知恵』。

狸　愛媛県内には、狐に関する伝説は少なく、狐が松山城主の奥方に化けたのがばれて四国外に追放となったという伝承が江戸時代成立の『本朝故事因縁集』、明治時代成立の『伊予温故録』に紹介されている程度である。ところが、狸に関する伝承は特に東予、中予に濃厚であり、南予にも散見できる。西条市北条には長福寺の南明和尚に可愛がられて碁をうったという狸で大気味神社の境内に喜宮明神として祀られている喜左衛門狸や、松山市上野町の大宮八幡神社の榎の大木に住み金森明神として祀られている金平狸、新居浜市の一宮神社の供物を失敬して追放になり、一文字笠に化け、さらに金の茶釜や女郎に化けて郷里に戻った小女郎狸、松山城のお堀端に榎大明神の名で知られる八股のお袖狸がよく知られている。そして愛媛県を代表する狸伝承に、日本三大狸話の一つとされる『松山騒動八百八狸物語』に登場する隠神刑部（刑部狸）がある。これは松山藩のお家騒動に登場する狸で、眷属が808匹いたことから「八百八狸」とも称される。享保の大飢饉に際して起こったお家騒動が1805（文化2）年に『伊予名草』として刊行され、幕末に講談師の田辺南龍により怪談話に仕立て上げられ口演されることで広まった。隠神刑部は広島の三次出身で『稲生物怪録』で知られる稲生武太夫に封じられ、今も松山市久谷町に山口霊神として祀られている（『異界・妖怪』）。

天狗　石鎚山は日本七霊山の一つで、西日本最高峰の修験道の山として知られる。この山に棲む天狗は「石鎚山法起坊」とよばれ、江戸時代中期成立の「天狗経」の中で全国四十八天狗に数えられ、日本八大天狗とも称されている。また、愛媛を代表する天狗伝説に愛南町正木の「戸たてずの庄屋」がある。この話は江戸時代の『四国邊路道指南』にも紹介されており、庄屋の蕨岡家の先祖が天狗を射落としその翼をとって返すが、そのお礼で家に泥棒が入らないようになったという（『愛媛県史民俗編 上』）。

ノツゴ　夜間に人の歩行を邪魔する妖怪である。南予では、夜、山道で足がもつれて歩けなくなる状態を「ノツゴに憑かれた」という。愛南町油袋ではノツゴに憑かれても草履の鼻緒を切ると動けるようになるという。正体は幼い赤子の死霊であるとの話も伝わる。また、中予地方では５月５日に牛を休めて牛神を祀ることをノツゴ祭といい、中予、東予にはノツゴという地名も各所にある。元来土地の神である野神が牛馬の守護神となりそれを祀った場所とされる（『愛媛県史民俗編 上』）。

のびあがり・高坊主　河童（エンコ）の正体がカワウソであるという伝承は多いが、カワウソはノビアガリや高坊主（タカタカボウズ）の正体であるという伝承もある。中予、東予地方では「タカタカボウズ」、南予地方では「ノビアガリ」とよばれることが多い。松山市横谷では、人が見上げれば見上げるほど高くなる高坊主の話が伝わっている。逆に見下げたら見下げるほど小さくなる小坊主の伝承もあり、両者があわさっている事例もある。西予市城川町土居のノビアガリは、もとは丸い大石だったものが、見つめるとだんだん大きく細長くなり、同市野村町成穂では小坊主がひげの大男のノビアガリになる話がある（『異界・妖怪』）。

船幽霊　上島町魚島や大洲市長浜町では、海上で船に乗っている際、灯りが見えず船の姿がないにもかかわらず櫓を漕ぐ音が聞こえる現象を「船幽霊が出た」という。大正時代に松山市沖の興居島で船幽霊が出たといわれ、夜、沖に数千もの火が列をなして船に近づき、その怪しい火は一つになって消えたという。このように船幽霊伝承には怪火の出現が伴うことが多い。この怪火を今治市宮窪町ではオホラビ、松山市中島ではホホロビ、大洲市ではシケビ、バカビなどとよばれている。八幡浜市大島では水死した人の霊がさまよって船幽霊になるといい、夜、船の下に白いものが見えてどんなに漕いでもそこを脱出できないという。船の難破と結び付けられることも多い。今治市吉海町や宇和島市津島町では難破船があったところに船幽霊が出るといわれている（『愛媛県史民俗編 上』）。

夜雀　夜雀の伝承は内子町、西予市、愛南町など南予地方各地で聞くことができる。袂雀ともいい、夜中に山道を歩いているとチッチッと鳴いてついてくるという。そして一歩も歩けなくなり、これを「ヨスズメに憑かれた」という（『愛媛県史民俗編 上』）。

高校野球

愛媛県高校野球史

　1889年に松山に帰省した正岡子規が伊予尋常中学校（後の松山中学校）の生徒だった河東碧梧桐にキャッチボールを教えたのが野球王国・愛媛県の野球の始まりといわれ，92年に同校に正式に野球部が誕生した．

　続いて愛媛県師範でも創部，愛媛県尋常中学東予分校（現在の西条高校），宇和島中学（現在の宇和島東高校），西宇和郡立甲種商業（現在の八幡浜高校），宇和島中学大洲分校（現在の大洲高校）などでも次々と創部された．

　1902年県立商業学校（後に松山商業と改称）で野球部が創部されると，19年には全国大会の準々決勝に進んだ．これ以降，松山商業は圧倒的な強さを見せ，戦前だけで春夏合わせて22回も甲子園に進み，優勝3回，準優勝2回を達成している．

　49年秋松山商業が松山東高校（旧制松山中学）に吸収され，一時消滅した．この年，松山商業の野球部員が主力の新生・松山東高校が甲子園に出場，戦後初優勝を達成した．52年に松山商業が復活，翌53年に全国制覇を達成した．その後，59年夏に西条高校が全国制覇，66年夏は松山商業が準優勝．松山商業は69年夏にも決勝に進み，決勝戦では三沢高校と延長18回引き分け再試合の末に降して優勝している．

　その後も，75年夏に新居浜商業，86年夏に松山商業が準優勝．88年春には宇和島東高校が選抜初出場で初優勝を達成，90年春は新田高校が甲子園に初出場で準優勝するなど活躍した．

　その後は，松山商業，宇和島東高校，今治西高校の3校が甲子園出場をほぼ独占し，96年夏には松山商業が春夏通算6回目の優勝を果たしたが，2001年夏のベスト4を最後に出場していない．

　2004年春，創部3年目の済美高校が初出場で初優勝，同年夏には準優勝して，一躍全国的な強豪校となった．以後は同校と今治西高校，松山聖陵が活躍している．

今治西高 （今治市，県立）
春 14 回・夏 13 回出場
通算 34 勝 26 敗

1901年西条中今治分校として開校. 05年に独立して今治中学校となる. 48年の学制改革で県立今治第一高校となり，49年今治西高校と改称.

独立後の06年に創部. 18年夏には甲子園初出場を決めたが，米騒動で大会が中止になっている. 63年夏に事実上の初出場を果たし，ベスト4まで進んだ. 以後，73年夏，77年夏，95年春と計4回準決勝に進んでいる.

今治南高 （今治市，県立）
春 1 回・夏 2 回出場
通算 1 勝 3 敗

1925年組合立越智中学校として創立. 44年県立に移管し，48年の学制改革で県立越智高校となった. 49年県立今治南高校と改称.

27年創部. 64年夏に甲子園初出場. 65年春，67年夏と3回出場し，67年夏には初勝利をあげている.

宇和島東高 （宇和島市，県立）
春 4 回・夏 9 回出場
通算 10 勝 12 敗，優勝 1 回

1876年創立の南予変則中学校が前身. 96年愛媛県尋常中学校南予分校として創立，99年独立して県立宇和島中学校となる. 1948年の学制改革で宇和島第一高校となり，翌49年宇和島商業高校を統合して宇和島東高校となった.

01年創部. 87年夏甲子園に初出場すると，翌88年には選抜初出場で優勝. 以後，常連校として活躍. 近年は2019年夏に出場した.

川之江高 （四国中央市，県立）
春 1 回・夏 5 回出場
通算 8 勝 6 敗

1908年組合立三島女学校として創立. 12年宇摩実科高等女学校となり，21年郡立に移管して宇摩高等女学校となる. 22年県立に移管. 35年川之江高等女学校と改称. 48年の学制改革で川之江高校となる.

50年創部. 79年春甲子園に初出場し，ベスト8まで進出. 2002年夏にはベスト4まで進出している.

西条高 (西条市, 県立)

春6回・夏6回出場
通算16勝11敗, 優勝1回

西条藩の藩学所・択善堂が前身で, 1896年愛媛県尋常中学校東予分校として創立. 99年西条中学校として独立. 1948年の学制改革で西条第一高校となり, 49年に西条第二高校を統合して西条北高校となる. 55年西条南高校を統合し, 県立西条高校と改称.

1896年の創立と同時に創部. 1956年春に甲子園初出場, 夏にはベスト4に進むと, 59年夏は決勝で宇都宮工を延長15回で降して優勝した. 62年夏にもベスト4に進んでいる. 近年は2009年に春夏連続出場している. OBにNHK解説者を務めた池西増夫がいる.

済美高 (松山市, 私立)

春2回・夏6回出場
通算21勝7敗, 優勝1回, 準優勝2回

1901年4月松山裁縫伝習所として創立し, 9月には松山女子裁縫研究会を創立. 05年勝山女学校となり, 11年に済美高等女学校となった. 48年の学制改革で女子校の済美高校と改称. 2002年共学となって創部, 宇和島東高校で選抜を制した上甲正典監督を招聘すると, 3年目の04年選抜に初出場で優勝. 上甲監督は2校で選抜初出場初優勝を達成した. 続いて夏にも出場すると再び決勝に進み, 準優勝している. 以後は全国的な強豪校として活躍し, 13年選抜でも準優勝した.

帝京五高 (大洲市, 私立)

春2回・夏0回出場
通算0勝2敗

1963年帝京大学グループの一環の帝京第五高校として創立し, 同時に創部. 69年選抜に初出場した. 2016年帝京高校出身で元プロの小林昭則が監督に就任. 翌17年選抜では38年振りに甲子園出場を果たした.

新居浜商 (新居浜市, 県立)

春4回・夏2回出場
通算6勝6敗, 準優勝1回

1960年新居浜東高校の商業科が独立して, 県立新居浜商業高校として創立し, 同年7月に創部. 66年鴨田勝雄監督が就任して強くなり, 翌67年選抜に初出場すると, ベスト8まで進んだ. 75年夏には準優勝している. 79年夏を最後に出場していない.

新田高 (松山市, 私立)
春2回・夏0回出場
通算4勝2敗，準優勝1回

　1939年新田中学校として創立．48年の学制改革で新田高校となる．

　45年創部．90年選抜に初出場すると，2回戦で日大藤沢高校を逆転サヨナラホームランで降し，準決勝では北陽高校に延長17回裏のサヨナラホームランで勝って決勝に進出した．2005年選抜にも出場している．

松山北高 (松山市, 県立)
春2回・夏0回出場
通算1勝2敗

　1893年創立の北予英学校が前身．1900年私立の北予中学校として創立し，38年県立に移管．48年の学制改革で県立北予高校となり，翌49年松山城北高校，松山農業高校と統合して県立松山北高校となった．

　私立北予中時代の10年に創部し，31年選抜に出場，神奈川商工を降してベスト8に進んだ．その後，87年選抜に松山北高として56年振りに出場している．

松山商 (松山市, 県立)
春16回・夏25回出場
通算76勝35敗1分，優勝6回，準優勝4回

　1901年愛媛県立商業学校として創立し，06年松山商業学校と改称．48年の学制改革で県立松山商業高校となったが，翌49年松山東高校に統合されて同校の商業科となった．52年県立松山商業高校として復活．

　02年創部．19年夏に全国大会初出場．25年春に優勝すると，戦前だけで優勝3回，準優勝2回という強豪校として活躍した．戦後も53年夏に優勝，66年夏に準優勝し，69年夏の決勝は三沢高校と延長18回引き分け再試合の末に降して優勝した．さらに86年夏に準優勝，96年夏決勝ではタッチアップを阻止したライトからの奇跡のバックホームもあって，6回目の優勝を果たした．2001年夏にベスト4に進んだのを最後に出場していない．なお，松山東高校に統合されていた50年夏にも全国制覇している．

松山聖陵高 (松山市, 私立)
春2回・夏1回出場
通算0勝3敗

　1961年松山聖陵高校として創立し，70年に創部．2016年夏に甲子園初出場．18年からは2年連続して選抜に出場している．

松山東高 (松山市, 県立)
春2回・夏2回出場
通算7勝3敗, 優勝1回

　松山藩校・明教館が前身で, 1878年愛媛県松山中学校として創立. 1948年の学制改革で県立松山第一高校となり, 49年に松山商業高校と統合して県立松山東高校となった. 52年松山商業を分離した.

　1889年に松山に帰省した正岡子規が, 河東碧梧桐にキャッチボールを教えたのが愛媛県での野球の始まりとされる. 92年に正式に創部. 1933年に選抜に初出場を果たすと, 夏にはベスト4に進出. 戦後, 松山商業を統合していた50年夏には全国制覇した. 2015年選抜に82年振りの出場を果たし, 二松学舎大付属高校を降して初戦を突破している.

南宇和高 (愛南町, 県立)
春1回・夏1回出場
通算2勝2敗

　1907年南宇和郡立水産農業学校として創立し, 21年郡立実業学校と改称. 22年郡立実業女子学校と統合して県立に移管し, 南宇和実業学校となる. 27年南宇和農業学校と改称. 48年の学制改革で県立南宇和高校となった.

　50年創部. 78年選抜に初出場し崇徳高校を降して初戦を突破, 80年夏にも出場している.

八幡浜高 (八幡浜市, 県立)
春1回・夏1回出場
通算0勝2敗

　1901年西宇和郡立甲種商業学校として創立し, 06年に県立に移管して八幡浜商業学校となる. 48年の学制改革で八幡浜商業高校となった. 49年八幡浜第一高校, 八幡浜第二高校と統合し, 県立八幡浜高校と改称.

　02年創部. 58年夏甲子園に初出場した. 2004年選抜で21世紀枠に選ばれ, 46年振りに甲子園に出場している.

○愛媛県大会結果（平成以降）

	優勝校	スコア	準優勝校	ベスト4		甲子園成績
1989年	宇和島東高	10 − 1	新田高	松山商	西条高	2回戦
1990年	松山商	9 − 8	新田高	宇和島東高	西条高	3回戦
1991年	川之江高	3 − 2	今治西高	新居浜西高	今治北高	初戦敗退
1992年	西条高	10 − 6	松山商	今治西高	丹原高	初戦敗退
1993年	宇和島東高	5 − 3	今治西高	松山商	新田高	2回戦
1994年	宇和島東高	9 − 6	西条高	松山商	新田高	初戦敗退
1995年	松山商	3 − 1	丹原高	今治西高	宇和島東高	初戦敗退
1996年	松山商	4 − 2	帝京五高	宇和島東高	川之江高	優勝
1997年	宇和島東高	12 − 4	今治西高	丹原高	松山聖陵高	初戦敗退
1998年	宇和島東高	5 − 4	今治西高	丹原高	川之江高	3回戦
1999年	宇和島東高	10 − 5	西条高	新田高	松山商	初戦敗退
2000年	丹原高	13 − 6	今治西高	宇和島東高	松山商	初戦敗退
2001年	松山商	7 − 6	宇和島東高	西条高	新田高	ベスト4
2002年	川之江高	7 − 2	松山聖陵高	八幡浜高	新居浜西高	ベスト4
2003年	今治西高	16 − 4	宇和島東高	松山商	今治北高	2回戦
2004年	済美高	4 − 2	新田高	宇和島東高	松山商	準優勝
2005年	済美高	4 − 3	西条高	新田高	松山商	2回戦
2006年	今治西高	11 − 2	今治北高	済美高	川之江高	3回戦
2007年	今治西高	3 − 1	済美高	川之江高	松山聖陵高	ベスト8
2008年	済美高	15 − 1	帝京五高	三島高	新田高	初戦敗退
2009年	西条高	13 − 2	済美高	今治工	今治西高	2回戦
2010年	宇和島東高	3 − 2	済美高	西条高	新田高	初戦敗退
2011年	今治西高	3 − 1	新田高	東温高	宇和島東高	初戦敗退
2012年	今治西高	6 − 3	川之江高	済美高	八幡浜高	初戦敗退
2013年	済美高	5 − 2	今治西高	川之江高	松山聖陵高	3回戦
2014年	小松高	10 − 1	松山東高	西条高	東温高	初戦敗退
2015年	今治西高	4 − 3	小松高	松山北高	松山東高	初戦敗退
2016年	松山聖陵高	3 − 2	新田高	今治北高	東温高	初戦敗退
2017年	済美高	10 − 3	帝京五高	松山聖陵高	川之江高	3回戦
2018年	済美高	8 − 2	新田高	今治西高	松山商	ベスト4
2019年	宇和島東高	7 − 3	松山聖陵高	聖カタリナ高	小松高	初戦敗退
2020年	松山聖陵高	13 − 5	宇和島東高	帝京五高	済美高	（中止）

やきもの

砥部焼（碗）

地域の歴史的な背景

　愛媛では、江戸時代から窯業が盛んであった。8藩が分立しているところで、最も窯業を奨励したのは大洲藩である。砥部焼や柳瀬焼の他に数窯が領内に開かれた。

　この地でやきものが発展した背景には、いくつかの要因があろうが、まず、山裾の傾斜が窯をつくる立地として最適だったことがあげられよう。また、山間部から燃料となる木材が豊富に手に入るなど、地理的に恵まれていたことが見逃せないだろう。ちなみに、県立運動公園に入る道の南北に残る大下田古墳からは、6〜7世紀の須恵器の窯跡がいくつも発見されている。発見された須恵器の中でも、「子持高坏」は7個の小さな蓋付杯が器台にのっており、当時のやきものづくりの技術の高さがうかがえる。子持高坏は、昭和43（1968）年に国の文化財に指定され、国立歴史民俗博物館（千葉県佐倉市）に収蔵されている。

　やきものづくりが発展したもう一つの大きな要因は、「伊予砥」と呼ばれる良質な砥石（金属や岩石を削るための石）が砥部・外山の砥石山から切り出されたことである。

　伊予砥は、奈良・平安時代から切り出されていた、とされる。東大寺の『正倉院文書』にも、当時すでに伊予砥が用いられていたことが記されているのだ。また、平安時代に編纂された『延喜式』（延長5〈927〉年）にも、伊予国産物の外山産砥石が有用である、と記載されている。伊予砥は、日本における砥石産業の祖、といえよう。

　江戸時代、砥部は大洲藩に属しており、伊予砥の生産も盛んに行われていた。一方で、砥石の切り出しの際に出る砥石屑の処理が重労働であった。その作業には御替地（伊予市）の村人が動員されており、村人たちは、

その免除を大洲藩に度々願い出た、という。その頃、伊予砥の販売を一手に引き受けていた大坂の砥石問屋が、砥石屑を使っての磁器生産を大洲藩主に進言。砥石屑を産業に生かせることを知った藩主は、早速家臣に磁器生産を命じた。それが、この地での磁器製造の始まり、と伝わる。

主なやきもの

砥部焼 <ruby>砥<rt>と</rt></ruby><ruby>部<rt>べ</rt></ruby>

松山市を中心に開けた道後平野の南端の町砥部で焼かれる陶磁器。砥部焼の窯場は、現在100軒近くの窯元があり、四国最大の窯業地として栄えている。

砥部焼の起源は、一般的には、安永年間（1772～81年）の磁器製造開始の時期とする。大洲藩主の命により、杉野丈助が磁器の生産に着手。数度の失敗の後、肥前波佐見（長崎県東彼杵郡）から職人を呼んで白磁の焼成を成功させた、という。一方で、陶器の生産はそれ以前の元文年間（1736～41年）から行なわれていたことが、文献などで明らかにされている。

現在、砥部焼のほとんどは磁器である。白磁や青磁の花瓶・皿・置物（人形）などもあるが、量的には染付の食器・酒器・花瓶などが多い。その大半が日常雑器である。最近は、陶版タイルや絶縁磁器などの工業製品も焼かれている。

砥部焼の磁器が大きく発展したのは、明治以降である。それは、ヨーロッパからコバルト釉（化学釉）や型絵付の技術が入ってきたこと、原料調整作業やロクロ（轆轤）の機械化が進んだことなどによるが、何よりも伊予松前の商人によって中国への販路が開けたことが大きな要因といえよう。俗に砥部ボウルと呼ばれる磁器が中国へ大量に輸出されるようになり、窯場は活気にあふれた、という。その活況が戦前（昭和20〈1945〉年以前）まで続いた。

最近の砥部では、新たな需要に応えてデザイン開発に力を注ぎ、その製品にも斬新さが目立つようになった。例えば、コバルトで縞や線を染

付けした上に赤絵の花・草・文様などを簡潔に絵付けし、白地を生かしたものが多くつくられている。

なお、毎年4月下旬の土・日曜日には「砥部焼まつり」が開かれ、10万人近い人々が生活雑器を求めて集まる。昨年で37回を迎えた。

柳瀬焼

大洲市菅田町大竹の梁瀬山麓で焼かれた陶器で、元禄年間（1688～1704年）に、大洲藩主3代加藤泰恒の御庭焼として開窯した。永原藤介が窯の責任者となり、他国から来た陶工の才兵衛を中心に操業。土灰釉・鉄絵・鉄釉などが施された茶陶が中心であったが、他に日常雑器もつくられた。上野焼（福岡県）の技術が伝播されたともいわれるが、定かでない。廃窯期についても諸説あり、正徳5 (1715) 年とも享保年間（1716～36年）とも宝暦年間（1751～64年）ともいわれる。

大正10 (1921) 年、地元有志によって再興されたが、数年で廃業に至った。

東野焼

松山市東野で焼かれた陶器。慶安4 (1651) 年、松山藩初代藩主松平定行の弟定政が蟄居し、尾張（愛知県）出身の瀬戸助を招いて茶陶をつくらせたのが始まり、という。一方、定行自身が隠居後の寛文年間（1661～73年）に瀬戸助を招いて始めた、とする説もある。が、両説とも確証はない。

東野焼の陶工には、瓦師の束本伊兵衛とその孫の永居六之丞瀬戸助らが従事していたという伝承もあるが、伝世品が見当たらない。そのため、瀬戸助は茶陶ではなく瓦製の茶竈を製作しただけではないか、との疑義もある。また、瀬戸助が焼いたとされた「予州松山」銘の作品が、砥部焼の陶工によってつくられていたことが窯跡の発掘から明らかとなり、瀬戸助の陶工としての存在自体が疑問視されるようになった。東野神社に伝わる元禄10 (1697) 年銘の鉄釉の狛犬一対が東野焼とされるが、これも明確な根拠はない。また、元禄15 (1702) 年の『道後案記』に「名物

東野焼茶碗」との記述があるが、その実態は不明である。

西ノ岡焼

　温泉郡重信町大字西岡（現・東温市）で焼かれた陶磁器をいう。開窯の時期は定かでないが、砥部仲田家文書の「五惣治実録」にある記述から、寛政11 (1799) 年にはすでに開窯していたことがうかがえる。

　製品は3期に分けられ、第1期は寛政11年頃から数年で、「豫州松山」銘の茶陶が焼かれた。第2期は19世紀で、「予州松山」銘の染付磁器を中心とし、広東碗が多くつくられた。第3期は幕末から明治30 (1897) 年の閉窯期までで、無銘の荒物陶器が中心であった。一時期、砥部焼の陶工が関わったことで、磁器茶碗の染付文様などには類似品が多いが、陶器には西ノ岡焼の特徴ともいえる飛鉋・院刻・陽刻などの技法がみられる。

　なお、通称カラツ山に窯跡3基が現存する。

御荘焼

　南宇和郡御荘町・城辺町（現・愛南町）で焼かれた染付磁器の総称である。天保9 (1838) 年、砥部で修業した陶工の久治兵衛が父紋之助らと共に長月村に開窯した長月窯に始まる。当初は、長月村の陶石を用いたが、安政3 (1856) 年に僧都村（現・愛南町）に良質な陶石が産出すると、窯を緑村（現・愛南町）に移して緑窯と称された。明治7 (1874) 年には経営困難のため早崎弁次へ譲渡。以後は早崎窯として存続したが、明治36 (1903) 年に廃窯となった。

　一方、久治兵衛は、明治20 (1887) 年に再度窯業に取り組み、豊田窯（城辺町豊田）を開いた。そして、その窯で元藩主伊達春山の100歳の祝いに猪口100個を贈った、といわれる。その後、久治兵衛の養子和三郎や甥の稲田峰三郎などが継承したが、昭和3 (1928) 年頃に経営難によって廃窯となった。

　その窯跡をたどるのも、すでにむつかしくなっている。

Topics ● くらわんか碗

江戸時代、大坂の淀川を通る船に、飯や酒を売る船商いが繁盛した。

客船が枚方浜（現・枚方市）に着くと、茶船（煮売り船）が近づいて、「酒くらわんか」「飯くらわんか」と呼び掛け、酒や餅、鮨などを売った。茶船は、その掛け声から「くらわんか船」と呼ばれ、そこで使われた分厚い素朴な飯碗が、いつしか「くらわんか碗」と呼ばれるようになったのである。ちなみに、「くらわんか」は「食べないか」という意味の方言である。

その船商いは、上方落語「東の旅」（全22席）の中の〈三十石夢の通い路〉（21席目）にも出てくる。京の伏見から大坂（阪）までの三十石船。近寄ってくる「くらわんか船」とのやりとりが楽しい。

くらわんか碗は、船上でも転びにくいように、厚手で重心が低いのが特徴である。胎土が厚くややくすんだ灰色で、あまり発色の良くない呉須絵が施されている。どっしりと安定感がありつつも無駄を省いたすっきりした形が魅力とされる。飯碗としてだけでなく、汁ものをよそったり酒を飲んだりするのにも使われた、という。

このくらわんか碗に砥部焼のものがみられるのだ。そのほかに、波佐見焼・三川内焼（長崎県）、古曾部焼（大阪府）などもある。波佐見町の古窯跡からは、くらわんか碗と思われる簡素な呉須絵が施された染付の碗が出土している。

IV

風景の文化編

地名由来

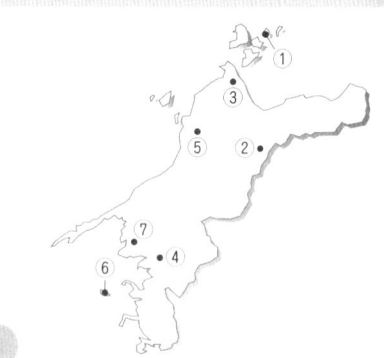

四国を代表する「愛比売」だった！

「四国」は文字通り4つの国から成っていたのでその名があるのだが、まず「愛媛県」から始めるのにはそれなりの理由がある。それは『古事記』の国生み神話によるものである。伊耶那諾命と伊耶那美命が日本列島を生んだ順序を『古事記』はこう記している。

「御合ひまして生みたまへる子は、淡道之穂狭別の嶋。次に、伊予之二名の嶋を生みたまひき。この嶋は身一つにして面四つあり。面ごとに名あり。かれ、伊予の国を愛比売といひ、讃岐の国を飯依比古といひ、粟の国を大宜都比売といひ、土左の国を建依別といふ」

ここにあるように、国生み神話では、まず「淡道」（淡路国）を生み、その次に「伊予之二名」を生んだことになっている。続いて、「隠伎」（島根県隠岐）、「筑紫」（今の九州全体）、「伊岐」（今の長崎県壱岐島）、「津嶋」（今の長崎県対馬）、「佐度」（今の新潟県佐渡）、「大倭秋津嶋」（今の奈良県御所市附近）の順で国が生まれたことになっている。

四国は日本列島のうち2番目に生まれたことになっており、「伊予之二名の嶋」となっている。そして、この嶋は身は一つなのだが、4つの面を持っており、その面ごとに名がついていると書かれている。その4つの国を次のように表現している。

　　　伊予の国…愛比売
　　　讃岐の国…飯依比古
　　　粟の国　…大宜都比売
　　　土左の国…建依別

面白いのは、これらの国が男女に産み分けられていることである。「比売」は漢字が入ってくる以前の呉音で「ひめ」と読み、漢字では「姫」となる。同じく「比古」は「ひこ」と読み、漢字では「彦」となる。「別」は「わけ」だが、古代の姓の1つで、男を指している。

とすると、「伊予」と「粟」は女性、「讃岐」と「土左」は男性ということになる。不思議なことに、この区分は今にも十分当てはまるように思える。「讃岐男に阿波女」という諺は、四国のみならず全国的に知られている。また、「伊予は学者で土佐は強武士」という言葉もある。これもかなり当たっている。

　ということは、四国の4つの国の特徴はすでに千数百年も前から続いているということになる。

　県庁所在地の松山は松山藩のおひざ元で、しかも教育熱心な県としても知られている。旧制松山高校も置かれたし、正岡子規などの文化人も多く輩出している。幸か不幸か、松山藩は新政府に対抗した藩で、隣りの土佐藩とは対立的な状況にあり、「松山県」をそのまま県名にすることは許されなかったという事情もあった。しかし、そのお蔭で「愛媛県」というみめ麗しい県ができたのだから良しとすべきだろう。

とっておきの地名

①生名（いきな）　広島県境に位置する離島。かつては生名島を中心とした諸島で構成された生名村だったが、平成16年（2004）「弓削町（ゆげちょう）」「岩城村」「魚島村」と合併して「上島町（かみしまちょう）」となった。村の生業としては、農業のほか製塩業も盛んであった。生名島は松山藩の「流刑の島」でもあった。
　「生名」の「名（な）」は古語で「魚」のことであり、生きた魚を獲る島といった程度の意味であろう。

②石鎚山（いしづちさん）　西日本最高峰として知られ、標高1,982メートルある。古来修験道の山として知られ、その山容が「石槌」、つまり、石でできた剣に似ていたことに由来すると考えられる。この山には男の神が住んでおり、長く女人禁制を守ってきた。
　その昔、この石鎚山の男の神様と伊曽乃の女の神様が恋仲になり、伊曽乃の神様が石鎚の神様に求婚した。男の神様は石鎚山で修行しなければならないとして、山から3個の石を投げるので、落ちたところで待て、と言った。その石が落ちたところが西条市に鎮座する伊曽乃神社だという。
　こんな伝説が残されているところをみると、やはり何らかの意味で石鎚に関する信仰によるものであろう。

③今治 <ruby>今治<rt>いまばり</rt></ruby>　松山市に次ぐ人口で、県下第2の都市。古来海上交通の要所で、平安時代以前には伊予国の国府が置かれていた。かつては「今張」「今針」「今懇」とも書かれた典型的な開墾地名。九州では「原」のことを「バル」と読むことが多いが、この今治も同系列の地名に属する。「尾張」も、もとは「<ruby>小懇<rt>おはり</rt></ruby>」の意味だったとされ、名古屋市内には「針名神社」、犬山市には「針綱神社」がある。東国では茨城県に「<ruby>新治郡<rt>にいはり</rt></ruby>」があり、いずれも開墾地名である。「ハリ」という地名は西国から東国に移っていったと考えられる。

　関ヶ原の戦いの後、この地を賜った藤堂高虎が「これからこの地を治める」という意を込めて「今治」と命名したという。しかし、呼称は「いまはる」「いまはり」「いまばり」と様々だったため、大正9年（1920）に「今治市」と市制を施行した際、「いまばり」と読むことを決めたという。

④則 <ruby>則<rt>すなわち</rt></ruby>　かつての「<ruby>三間町<rt>みまちょう</rt></ruby>」にあった珍しい大字名。三間町は平成17年（2005）に宇和島市に合併されて自治体としては消滅したが、今は宇和島市三間町則として残る。特別な意味があるわけではなく、「洲の内」が転訛したものであると言われている。三間川沿いの「洲の内」程度の意味である。難読地名でも挙げておいたが、「<ruby>則之内<rt>すのうち</rt></ruby>」も同様である。

⑤道後温泉 <ruby>道後温泉<rt>どうごおんせん</rt></ruby>　愛媛県を代表する温泉で、日本三古湯の1つとしても知られる。道後温泉本館は国の重要文化財で、明治27年（1894）に建てられたもの。一見珍しい「道後」という地名は、「道前」「道中」「道後」と並べてみれば、その由来も理解できる。古代の伊予国の国衙は今の今治地方に置かれており、そこが国の中心地であった。都から近いほうが「道前」、中ほどのところが「道中」、そして都から遠いほうが「道後」であった。

　松山は今でこそ県の中心地だが、古代においては国の中心地から背後にあったため「道後」と言われ、そこに湧いた温泉なので「道後温泉」と呼ばれた。きわめて理屈にあった命名である。

　『万葉集』には、この道後温泉にちなむ数種の歌が収められている。次はその1つ。

　　<ruby>熟田津<rt>にぎたづ</rt></ruby>に<ruby>船乗<rt>ふなのり</rt></ruby>せむと月待てば

　　　　潮もかなひぬ今はこぎ出でな

　国語の教科書にも載っている有名な歌だが、この「熟田津」は「煮える湯の津」とい意味で、湯がこんこんと湧いている様を映し出している。

⑥日振島（ひぶりしま）　宇和島市の西の宇和海に浮かぶ島。天慶2年（939）藤原純友が挙兵した島として知られ、今も城砦の跡と思える場所がいくつも見られる。明治22年（1889）に北宇和島郡「日振島村」が成立し、昭和49年（1974）宇和島市に編入されて今日に至っている。

　昔から船の往来のために、島民が松明の火を振ったという説があるが、詳しくは不明。「フリ」「フレ」は崖状の地形を示すので、単に波の浸蝕を受けた島という意味かもしれない。

⑦三瓶（みかめ）　「三瓶町（みかめちょう）」は、かつて西宇和郡にあった町。平成16年（2004）、近隣の5町合併によって、「西予市（せいよ）」の一部になって自治体としては消滅。普通は「さんぺい」と読んでしまうところを、「みかめ」と読むところがミソ。こんな伝説がある。

　その昔、嵐の翌日、磯辺に3つの瓶が打ち上げられていた。よく見ると、磯に住む蜷（にな）（巻貝のこと）が陸地まで押し上げられていた。里人は、きっと神様からの贈り物だと考えて、この瓶を神として祀ったという。しかし、その後、近海で船が転覆する騒動がしきりに起こったので、神様を内陸の宇和町の岩木に遷した（うつ）ところ、事故がなくなったという。三瓶神社は今は宇和町岩木に鎮座する。

　「三瓶」という珍しい地名は地形では説明がつかず、このような歴史的伝承にちなむのかもしれない。

難読地名の由来

a.「馬刀潟」（今治市）**b.**「丸碆」（八幡浜市）**c.**「一宮」（新居浜市）**d.**「大保木」（西条市）**e.**「朔日市」（西条市）**f.**「樟窪」（西条市）**g.**「妻鳥」（四国中央市）**h.**「則之内」（東温市）**i.**「法華津」（宇和島市）**j.**「斎院」（松山市）

【正解】

a. 「まてがた」（菅原道真が視察に来た際、潮待ちのため碇を下したと伝える）**b.** 「まるばえ」（碆とは小平地を指す。丸い小高い平地のこと）**c.** 「いっく」（一宮神社による。嵯峨天皇の崇敬を受け、「神号正一位一宮大明神」の額を賜ったことによるという）**d.** 「おおふき」（「保木」は「ホキ」即ち「崖」の意味で、大きな崖ということになる）**e.** 「ついたち」（毎月一日（朔日）に市が立ったことによる）**f.** 「くすぼ」（楠木が生えていた窪地の意味か）**g.** 「めんどり」（妻鳥能登判官有道、妻鳥采女友春など、人名にちなむという）**h.** 「すのうち」（「洲の内」の転訛であろう）**i.** 「ほけつ」（標高436メートルの法華津峠に由来する。「法華」は「ホケ」即ち「崖」の意味である）**j.** 「さや」（皇族が所有していた地域を指すと言われる）

商店街

大街道（松山市）

愛媛県の商店街の概観

　県域が東西に長い愛媛県は、松山市を中心とする中予、今治市以東の東予、西部から南部にかけての南予に区分される。江戸時代、現在の愛媛県の範囲は8藩1天領に分かれていたこと、東部で工業化が進んだことなどにより多くの都市が発達してきた。東予では今治市のほか新居浜市、西条市、四国中央市（伊予三島市、川之江市）、中予では松山市のほか大洲市、南予では宇和島市と八幡浜市が地域的中心都市である。2014年の「商業統計調査」によれば、松山市の小売業年間販売額は四国では高松に次ぐ規模であるが、県全体に占める割合は38％と必ずしも高くない。次いで、今治市（11.2％）、新居浜市（8.2％）、西条市（7.3％）、四国中央市（6.3％）と東予の諸都市が続き、宇和島市（6.1％）までが5％以上である。

　松山市では「大街道」、湊町（「銀天街」）が中心商店街を形成しており、それよりも歴史の古い松山城西側の古町には「本町商店街」があるが規模は小さい。その他、周辺部に商店数50店ほどの商店街が存在し、市街地全域で商店密度が高くなっている。「道後商店街」は温泉客を対象とする観光型商店街であるが、「日本一のお土産商店街」と自称するだけあって、ほかの観光地の商店街とは趣がやや異なっている。中予では「大洲市本町・中町商店街」に隣接する地区は「おはなはん通り」として石畳、レンガ敷き通りにして明治の街並みが再現されている。また、内子町「本町商店街」は木蝋などの取引で栄えた古い街並みとは少し離れているが、内子座など見るべきものは多い。

　東予では今治の中心商店街の存在が大きいが、1980年代の百貨店戦争や、しまなみ海道開通による島嶼部からの人の流れの変化、郊外化による影響を受け、揺れ動いてきた。最近は、個々の商店街を越えた商店関係者のつながりによる再生化への取組みが注目されている。新居浜市と西条市、

合併により四国中央市となった旧伊予三島市と旧川之江市は、起源は異なるが同程度の都市が並んでいるケースとして注目される。昭和初期の工業化により人口が急増した新居浜市では昭和町を中心に、西条市では駅から市役所にかけて、それぞれ1kmを超える長大な商店街が形成されているが、地域密着型商店街としての性格が強い。郊外に大型ショッピングセンターが立地したことにより、商店街は来街者が減少し苦戦しており、西条市では共同店舗開設事業にも取り組んだが、行き詰まっている。

　宇和島市の中心商店街は、南予の広域型商店街として整備されているが、移動手段が限られていることから、宇和島市吉田町、西予市宇和町、同野村町、愛南町城辺など小盆地や海岸沿いの小規模な平野にもローカルな範囲を商圏とする商店街が存在する。また、南予北部から佐田岬半島にかけて商圏を広げている八幡浜市「新町・銀座商店街」は賑わいを見せており、水産物加工品を扱う店舗が多いのが特徴である。

　島嶼部（芸予諸島）では、大三島宮浦、大島吉海に小規模な商店街があるが、今治市内の商店街に依存することが多かった。しまなみ海道の開通により船便利用から自動車利用に変わったことで、人の流れが変わり、今治市の中心商店街に影響を与えたと言われている。

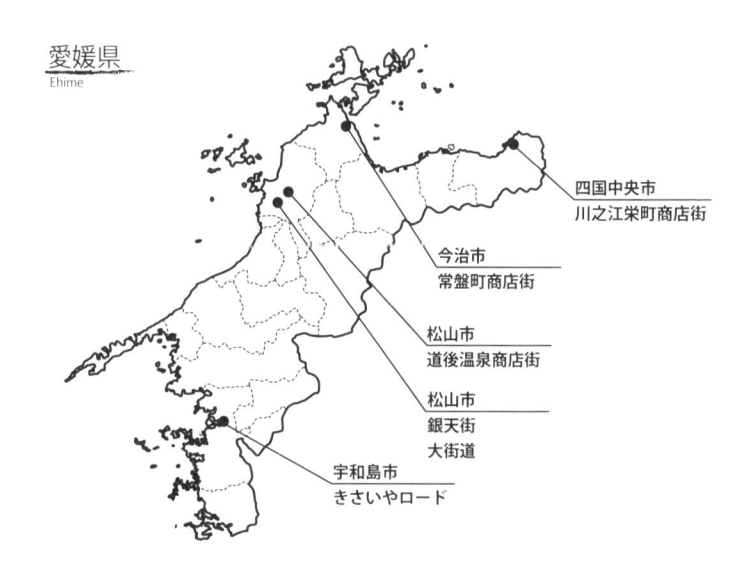

愛媛県
Ehime

四国中央市
川之江栄町商店街

今治市
常盤町商店街

松山市
道後温泉商店街

松山市
銀天街
大街道

宇和島市
きさいやロード

銀天街、大街道（松山市）

─松山城下の中心商店街─

　松山市の中心商店街。伊予鉄道松山市駅から東に伸びるのが湊町商店街（銀天街）、その東端から北へ伸びるのが大街道で、それぞれ500m以上の全蓋型アーケードのある商店街で、周辺一帯には映画館や飲食店が集まっており、四国最大の繁華街を形成している。

　湊町は江戸時代中期以降、城の南に建設された町人町、外側の中心として発展した。1888年には伊予鉄道松山駅（1927年に松山市駅と改称）が開業して以来、松山を代表する商店街が形成されるようになった。松山市駅は郊外線のターミナル、市内線との連絡駅で、1971年に駅ビル建設とともに伊予鉄そごう（現・いよてつ高島屋）が開業し、商店街とは四国唯一の地下街でつながっている。衣料品店、身の回り品店、雑貨店、化粧品店が主体で、松山を代表する老舗も多いが、近年はアパレルやドラッグストアなど全国ブランドのフランチャイズ店の進出も目立つようになってきた。

　大街道は、城の西にある古町から呉服商などが移り住んで町を形成したことに始まり、大正時代に用水路を埋め立ててできた広い通りに商店街が形成されると、大街道という通称が定着するようになった。かつては片側（西側）のみにアーケードがある商店街であったが、1982年に歩行者専用道路への移行に伴い全蓋アーケード化された。銀天街と比べると間口の広い店舗が多く、ファッションや身の回り品などの買回り品店を中心に、遊技場やゲームセンターも多い。商店街北口の三越は、1946年に三越の戦後新規第1号店として開店したもので、周辺にはホテルや「坂の上ミュージアム」（2007年開館）があり、商店街の北の核になっている。

　1960年代には商店街にスーパーマーケットが進出し、いっそうの賑わいを見せていたが、1990年代後半頃から郊外における大型店の進出による影響を受けて閉店が相次ぎ、商店街への来街者は大幅に減少した。閉鎖店舗の多くは新しい複合商業施設に生まれ変わっており、中心商店街としての地位に揺るぎはないものの、広域の中心にふさわしい魅力と厚みのある中心市街地、それにふさわしい商業核への再生が課題となっている。2つの商店街は連携して2005年に「株式会社まちづくり松山」を設立し、事業によって得られた収益で映像装置を数カ所設置し、情報発信などに活

用している。

道後温泉商店街 （松山市）

―自称「日本一のお土産商店街」―

松山市街地東部、伊予鉄道市内線道後温泉駅から道後温泉本館にかけての L 字形のアーケード商店街。明治時代に建てられた道後温泉本館前に発達してきた観光型の商店街で、明治ロマンを感じさせることを活性化の目標にしていることから、「道後ハイカラ通り」を愛称としている。商店主や店員が明治の衣装をまとってパレードをするイベントなどを行っている。

1911 年建設の道後温泉駅を出て、坊ちゃん列車やからくり時計の出迎えを受けて商店街に入ると、道後温泉観光会館があり、観光ボランティア待機所にもなっている。長さ250 m ほどの通りの両側には土産物店や飲食店など60 を超える店舗が並び、店舗の入替りは多少あるものの、空き店舗はほとんどない。各種商品を扱う土産物店というよりも、坊ちゃん団子やタルトなどの銘菓、伊予絣や砥部焼といった特定の名産品を専門的に扱う店が多いのが特徴である。夕食後は浴衣姿の観光客で賑わい、夜10時まで開いている店が多い。逆にパチンコなどの遊戯店が少ないことも特徴であろう。商店街が折れ曲がる地点の北東角には、商店関係者なども利用する共同湯「椿の湯」があるのも、湯の町の商店街らしさと言えよう。

川之江栄町商店街 （四国中央市）

―「どっと混む」商店街を目指す近隣商店街―

JR 川之江駅の西側にあり、南北に伸びるアーケードのある商店街。2004 年に川之江市と西隣の伊予三島市などが合併して四国中央市になるが、合併前から栄町商店街は駅前通商店街とともに川之江の中心商店街として賑わってきた。現在は40 店ほどが営業しており、食料品、衣料品のほか各種の生活用品を扱う店舗が揃っており、地域に密着した商店街として親しまれている。

郊外スーパーマーケットの進出や住民の高齢化などにより来街者が減少し、空き店舗が目立つようになってきた。特に、1990 年代に伊予三島との間にイオンタウンやフジグランなどの大型店が相次いで進出した影響は大きく、商店街としても活性化に向けて取り組んでいる。1993 年にはアーケードとカラー舗装を整備し、合併時には記念事業の1つとして情報発信

施設、コミュニティの核として「四国中央ドットコム」を開設し、住民による手作りグッズの販売やパソコン教室の開催などを主催している。また、商店街内に不足している業種を補い、買い物客を誘引する目的で、商店街組合が地元漁協などと連携して、商店街内を市場のように見立てて露台で鮮魚などを販売する生鮮市「食の回廊」事業を実験的に行ってきた。「食の回廊」は2012年から観光物産館「えぇ〜もん屋」と統合され、翌年には四国中央ドットコムのなかに販売スペースを設けて常設化された。ほかにも空き店舗の再利用を行い、「どっと混む」商店街を目指している。

常盤町商店街（今治市）

―島々とつながる商店街の変化―

JR今治駅の北東約500mにある公会堂前の交差点を市役所方向へ右折し、しばらく行くと「ドンドビ交差点」に至る。交差点から港方面に伸びるアーケードが常盤町商店街で、アーケードは500mほど先で左に折れて少し続く。その先、大通りをはさんで本町商店街が、一方、アーケードの屈曲点からまっすぐ港方向へ新町商店街が続く。ドンドビとは今治城の外堀に当たる金星川を遡って押し寄せる海水を呑んだり吐いたりする樋門（呑吐樋）のことで、金星川の北西側は江戸時代の町人地区で、本町は早くから今治の商業の中心であった。

明治になり、旧武家屋敷地区と町人地区の境であった金星川端に商店が集まるようになり、1920年の今治港の建設、1924年の国鉄開通により駅と港との往来者が増加した。また、繊維産業の発達も重なって、今治の中心商業地は本町から拡大していった。戦後、島嶼部との間の流動人口が増えると、川端岸が特に賑わうようになり、1950年頃から「今治銀座」を名乗るようになった。広域型商店街として衣料品店をはじめ各種の商店が軒を連ねており、港に近いところは海産物店が多かった。1970年代には百貨店など県外資本の大型店が相次いで進出し、市役所近くに今治大丸、今治高島屋（かつての今治センター）、ニチイなどが立地し、今治は全国有数の流通激戦地と呼ばれるようになる。ちょうど、車社会の到来とも重なっており、大型店が大通り沿いに立地し人の流れが変わったため、常盤町商店街や本町商店街などの通行量は減少し、本町にあった大洋デパートは1977年に閉店するに至った。

1990年代後半には郊外に大型商業施設が相次いで立地し、中心市街地の空洞化が生じてきた。特に、1999年にしまなみ海道が開通すると、島

嶼部から今治港への船便は減少し、買い物客の流れも大きく変化し、空き店舗が目立つようになった。商店街組合では、空き店舗活用の一環として市民ギャラリーと物品販売を兼ねた「しまなみパティオ」を開設する一方「ほんからどん」という地域商品券が当たるくじの発行などの取組みを行っている。また2000年には、中心商業地内の商店のおかみさんが個々の商店街の枠を超えて「今治おかみさん会」を結成し、「しまなみパティオ」での喫茶店出店やフリーマーケットの実施、情報発信など、活性化に向けて多様に取り組んでいる。

きさいやロード（宇和島市）

―古くから親しまれてきた南予の顔―

愛媛県南部（南予）の中心都市宇和島市にある広域型商店街。宇和島城の東麓に南北約600mの全蓋型アーケードのある商店街で、北東の宇和島駅と商店街の間は飲食店などの多い地区になっている。北から、恵比寿町、新町、袋町の商店街が連なっており、1982年に現在のアーケードに一新され、3つの商店街が一体化し「きさいや（宇和島方言で「お越しなさい」という意味）ロード」と改称した。

1900年の宇和島城の堀の埋立て、1914年の宇和島鉄道（現・予土線）の宇和島駅開業などにより、宇和島の中心商業地は本町通りから北へ向かって拡大し、本商店街発展の基礎が築かれた。1945年に予讃線が全通し、さらに新橋通りの街区整理（1949年）によって中心商店街としての姿を整えていった。衣服・身の回り品や靴・履物などの買回り品店が主体で、商圏は愛媛県南部から高知県の一部にかけて広がっていた。1960年代後半から商店街内にスーパーマーケットが複数立地し、核店舗として商店街と共存してきた。1980年から3年かけて自動開閉式のアーケードへの改修、カラー舗装を施行し、一新した。一方、商店街に隣接していた市役所が1977年に城の北西に移転したことに加えて、港周辺における道の駅開設、北宇和島駅周辺への大型商業施設の進出などにより、中心商店街は苦戦しているが、南予の中心商店街の地位は維持している。幅員の広い通路の中央は駐輪スペースに充てられ、両側に100を超える店舗が並んでおり、アーケードの老朽化や空き店舗の出現は否めないが、整然とした通りは広域型商店街としての風格を感じさせる。

花風景

ミカン（県花）

地域の特色

　北は瀬戸内海、西は宇和海に面し、広島県（安芸）から愛媛県（伊予）にかけては芸予諸島が連なり、山口県（周防）からは防予諸島が連なる。宇和海にも島々が散在している。断層の中央構造線が東西に走り、北側は花崗岩の瀬戸内海沿岸部を、南側は広大な四国山地を形成している。温暖な気候から柑橘類栽培が行われ、石鎚山脈山麓の別子銅山は古くから開発された。近世には伊予八藩と称して8藩に分割統治され、松山城、宇和島城などの城跡が残っている。瀬戸内海の暖温帯の気候となっている。

　花風景は、近世の城郭跡のサクラ名所、大名庭園のフジの奇木、都市公園や観光地の花木、現代庭園や高原の花畑などの他、特にミカンのなりわいの花や鉱山跡地のシャクヤクの花などは風土を特徴的に表している。

　県花は、後述の花風景でも紹介する通り、ミカン科ミカン属の常緑樹のミカン（蜜柑）である。植物学的にはウンシュウミカン（温州蜜柑）という。小さな白い花をつけ、その純白と清楚が県民性を象徴するにふさわしいとされる。長い間全国一の生産量を誇っていたが、今は和歌山県に引き離され、現在はレモンや新品種など多様な柑橘類を栽培している。

主な花風景

松山城のサクラ　＊春、史跡、重要文化財、日本さくら名所100選

　松山城は愛媛県の県庁所在地・松山の街を見下ろす130メートルほどの小高い丘の上にある。

　ソメイヨシノを中心に約200本の花が城に彩りを添える。なかには早咲きのツバキカンザクラ、遅咲きのオオシマザクラ、シオガマザクラ、ボタンザクラなどがあり、比較的長い期間、サクラを味わうことができる。ツバキカンザクラは「カンヒザクラとシナミザクラ（カラミザクラ）との交雑

種と推定」（広島大学デジタル自然史博物館）されており、松山市内の伊豫豆比古命神社（別名椿神社）に原木がある。

　松山城は約400年前、加藤嘉明が1602（慶長7）年から約25年もの歳月をかけて完成させた城郭である。天守などは1784（天明4）年の落雷による焼失後に再びつくられたものであるが、江戸時代以前に建てられた天守が今も残るわが国12城の一つであり、江戸時代最後の完全な城郭建築とされる。天守をはじめ、望楼型二重櫓の野原櫓、乾櫓、隠門など21棟の建造物が重要文化財に指定され、松山城の本丸、二之丸、三之丸（堀之内地区）を含めた全域が都市公園（城山公園）となっている。

天赦園のフジ　＊春、名勝

　愛媛県の南部・宇和島市にある天赦園には6基の藤棚がある。江戸時代に亀戸天神から移植されたものと伝えられる野田藤をはじめ、池上にかかる長さ24メートル、幅4メートルほどの太鼓橋式の藤棚を飾る白玉藤で知られている。白玉藤は房が垂れ下がる一般のフジと異なり、上向きに伸びるのが特徴であり、「上り藤」とも呼ばれている。

　宇和島藩主二代藩主伊達宗利が1672（寛文12）〜76（延宝4）年にかけて浜御殿を造成したことが天赦園へとつながっている。江戸末期、第7代藩主宗紀は、この浜御殿の南寄りの一角に隠居所をつくるため、1862（文久2）年に工事を行い、完成した潜淵館に居を移した。63（同3）年には勘定与力であった五郎左衛門に命じて庭づくりに着工し、1866（慶応2）年に完成した庭園を天赦園と名付けた。名前は、初代秀宗の父伊達政宗がつくった漢詩「馬上少年過　世平白髪多　残躯天所赦　不楽是如何（馬上に少年過ぎ　世は平にして白髪多し　残躯は天の赦す所　楽しまずんば是を如何せん）」（この漢詩は天赦園入口付近の場所に設置されている「園内見取図」を参照した）に由来する。

　作庭年代は江戸時代末期と比較的新しいが、意匠や技法に優れたところがあり、かつ園路に沿って一周しながら眺める風景が変化に富んでいることから、1968（昭和43）年に名勝に指定されている。面積は約1.1ヘクタールで、園池を中心に、池は岬、入江など屈曲が多く、要所の石組には和泉砂岩が用いられている。園の周囲はクロマツ、クスノキ、ウバメガシなどの常緑樹により遮蔽されており、園内にはソテツやビロウといった暖帯性

の樹木も見られる。

冨士山公園のツツジ　＊春

　愛媛県中西部・大洲盆地中央にそびえる冨士山（320メートル）は、その姿が富士山に似ていることから名付けられた。別名「大洲富士」と呼ばれている。公園としての面積は約45ヘクタールである。

　ツツジの名所として知られ、その数は6万本を超える。最盛期に山頂が赤やピンクに染まる様は鮮やかである。

　冨士山の山頂からは眼下には臥龍淵のある肱川、大洲市街、そして大洲城を眺めることができる。臥龍淵は肱川随一の景勝地とされ、また龍にまつわる伝説が残る。その一つは、日照り続きで人々が困り果てて雨乞い踊りをしていると、激しい雨が降り始めて龍が現れ、稲妻の中を天に昇っていったというものである。臥龍淵を臨む3,000坪（約1ヘクタール）の土地には現大洲市新谷出身の貿易商河内寅次郎が余生を故郷で過ごしたいと願い、1897（明治30）年頃に庭園から整備を始め、10年余りをかけて築造した臥龍山荘が建つ。

南楽園のハナショウブ　＊春・夏

　南楽園は愛媛県南部、宇和島市津島町にある。5月中旬頃になると造園家伊藤邦衛設計の池泉回遊式の庭園に設けられた2カ所のショウブ園（計4,000平方メートル）では紫、黄、白など3万株、25万株のハナショウブが咲き競う。特に江戸中期の建築様式を取り入れた茅葺の休憩所を点景にした風景は見る人の心を和ませてくれる。

　1969（昭和44）年に閣議決定された新全国総合開発計画（新全総）は「豊かな環境の創造」を基本目標に掲げ、観光レクリエーションの主要計画課題として「自然観光レクリエーション地区の整備および大規模海洋性レクリエーション基地の建設」を盛り込んだ。70（同45）年には旧建設省が「レクリエーション都市整備要綱」を決定する。南楽園は、この整備要綱に基づき進められた南予レクリエーション都市整備事業の一環で誕生したものである。正式開園は85（同60）年で広さは約15ヘクタールある。造園学者の進士五十八（2001）によれば、護岸の石組資材はトンネル工事などで発生した8,000トンの自然石であるという。

よしうみバラ公園のバラ　＊春・夏・秋

よしうみバラ公園は愛媛県北部・瀬戸内しまなみ海道の通る大島にある。大島西側には、ぽっかりと口を開けたような入江があり、その入江の奥に広がる吉海港に面する公園である。面積は約2.8ヘクタールで、開園は1993（平成5）年である。

世界各地のバラ400種3,500株が園内花壇に植栽され、5月中旬から12月末までバラの美しさを堪能することができる。5月にはバラ祭りが開催され、大勢の人で賑わう。フランス屈指のバラ庭園「ライ・レ・ローズ」からナポレオン皇妃ジョセフィーヌが蒐集したオールドローズの「ジョセフィーヌ・コレクション」、1998（平成10）年、宇宙飛行士の向井千秋がスペースシャトル「ディスカバリー号」で無重力状態における香の生成に関する宇宙実験に用いたバラを株分けした"宇宙バラ"、花の大きさが1センチ以下という世界一小さいバラ「ショウノスケ」などで知られる。

翠波高原のナノハナとコスモス　＊春・秋

翠波高原は愛媛県東部・四国中央市に位置する翠波峰（890メートル）の南側を中心に広がる。かつて牧場があった高原では、春には約30万本のナノハナが、また秋には約30万本のコスモスが咲き、約3ヘクタールの花畑となる。隣接地にはワシントンのポトマック河畔から日本に里帰りしたサクラが植えられている「ワシントン桜の園」がある。1984（昭和59）年に旧伊予三島市の市制30周年を記念して整備されたものである。

マイントピア別子のシャクヤク　＊春

マイントピア別子は愛媛県東部・新居浜市に位置する鉱山観光テーマパークである。マインは「鉱山」、トピアは「ユートピア」に由来する。

敷地内には中国・四国地方屈指のシャクヤク園がある。黄色のオリエンタルゴールド、紅が冴えたレッドチャーム、ピンクのサラベルナール、白いアルプスなど、40種、約3万本のシャクヤクが咲き誇る。

マイントピア別子は別子銅山採鉱本部跡地を利用したテーマパークとして1991（平成3）年に誕生した。現在、端出場ゾーンと東平ゾーンの二つの地区からなる。端出場ゾーンは、30（昭和5）年に東平地区から移転さ

れた採鉱本部が73（同48）年の閉坑時まで置かれていた場所である。約6ヘクタールの敷地には、拠点施設で温泉施設のあるマイントピア本館の他、点在する観光坑道や旧水力発電所などの産業遺産がある。一方、東平ゾーンは、もともと採鉱本部があった場所で最盛期には約5,000人が住んでいた。標高750メートル付近にある東平索道停車場跡、東平貯鉱庫跡など、その光景はインカの天空都市マチュピチュを彷彿させる。

愛媛のミカン　＊春

　ミカンは愛媛県を代表する特産品の一つである。5月になると県内の多くの畑がミカンの白い花に彩られ、甘い香りに包まれる。県内生産量では西宇和地域の八幡浜市、宇和島市、西予市が上位を占める。傾斜地では段々畑を石垣が支える。石垣の石は熱を吸収すると冷めにくい。空から降りそそぐ太陽の光、海からの反射する光、そして石垣からの輻射熱は「三つの太陽」として、良質なミカンを育てる。

　愛媛県のミカン栽培は、一説によると、今から200年ほど前に加賀山平治郎が四国遍路の途中に高知県で苗木を手に入れて持ち帰り、それを植えたのが始まりとされる。その子孫となる樹が宇和島市吉田町立間地区にある。

篠山のアケボノツツジ　＊春、足摺宇和海国立公園

　篠山（1,065メートル）は愛媛県と高知県の県境に位置する。名前は山頂に広く生育しているミヤコザサに由来する。

　アケボノツツジは山頂部に群生している。春になるとピンク色の花をつける。足摺宇和海国立公園の興味地点の一つであり、多くの人が訪れる。近年、当該地のアケボノツツジが九州のみに生育するとされてきたツクシアケボノツツジであることが確認された。分類学的にも貴重な群落である。

　一方で、1993（平成5）年頃からシカの食害によりミヤコザサの衰退が始まり、表土流出や土壌浸食などが進行したことにより、根ごとひっくり返ったアケボノツツジが見られるようになった。このため、2000（同12）年から、優良種子の採取や防鹿柵・土留柵の設置が、16（同28）年度からは、地域関係者で構成する篠山観光開発協議会によるモニタリングなどの対策が進められている。

公園 / 庭園

国立公園しまなみ海道・来島海峡

地域の特色

　愛媛県は四国の北西部に位置し、北は瀬戸内海、西は宇和海（うわかい）に面している。本州の広島県（安芸（あき））から愛媛県（伊予（いよ））にかけては芸予諸島が連なり、山口県（周防（すおう））からは防予諸島が連なる。宇和海にも島々が散在している。西の豊後水道（ぶんごすいどう）には大分県佐賀関に向かって細長い佐田岬（さだみさき）が突き出している。断層の中央構造線が県北部を東西に走り、地形地質を二分し、北側は花崗岩の瀬戸内海沿岸部を、南側は広大な四国山地を形成している。県の東部と南部はこの四国山地が覆い、香川県、徳島県、高知県との県境をなして、県の4分の3が山地となっている。四国山地の西半部は愛媛県にあたり、石鎚山脈（いしづち）となって主峰石鎚山がそびえている。この西端の高知県境には四国カルストが広がる。四国山地から瀬戸内海に流れでる河川が平野をつくり、新居浜平野（にいはま）、今治平野（いまばり）、松山平野など沿岸部に分散して狭小な平野を生みだし、都市を誕生させてきた。西条には「うちぬき」と呼ばれる地下水の自噴泉が多くあり、名水として、また、さまざまな用水として利用されてきた。宇和海沿岸は沈降海岸（ちんこうかいがん）のリアス海岸であり、複雑な海岸線となっている。

　松山の近郊の道後温泉（どうご）は文豪夏目漱石（なつめそうせき）の小説『坊ちゃん』（1906）でも知られているが、日本最古の温泉ともいわれ、古代8世紀の『伊予国風土記（いよのくにふどき）』逸文（いつぶん）に聖徳太子来湯の記録がある。今も木造瓦葺（もくぞうかわらぶき）のどっしりとした建築物がたたずんでいる。今治の北には潮流の速い来島海峡（くるしま）があり、能島（のしま）に水軍の海城跡がある。中世の伊予守護河野氏は村上水軍を率い、村上氏は来島、能島、因島の三つの島に分かれて分割支配した。近世には伊予八藩と称して8藩に分割統治され、松山城、今治城、大洲城（おおず）、宇和島城（うわじま）などの城跡が残っている。

　自然公園は瀬戸内海、宇和海、石鎚山を主として、都市公園・庭園は道後温泉や城郭に関係するものが特徴的である。

⽬ 瀬戸内海国立公園しまなみ海道　　*名勝、天然記念物

　しまなみ海道は広島県尾道と愛媛県今治を結ぶ本州四国連絡道路・西瀬戸自動車道である。愛媛県の大三島、伯方島、大島もそれぞれ個性豊かな島である。大山祇神社は、厳島神社と同じく、6世紀末推古天皇の時代の創建と伝えられ、厳島神社が弥山を抱く島全体を聖地とするように、鷲ヶ頭山をご神体とし、大三島全体を聖地としていたという。戦いの神として尊崇を集め、中世以降の水軍や武将が武運を祈って武具を奉納してきたことから、甲冑、刀剣などが多く残り、特に甲冑は日本の国宝・重要文化財の大半がある。めずらしい神事として春の御田植祭と秋の抜穂祭に一人角力と呼ばれる相撲神事が行われる。人が目に見えない神様と相撲をとり、負けることによって、豊作を祈り、収穫を感謝するのである。瀬戸内海の島々には直島の安藤忠雄、妹島和世・西沢立衛、豊島の西沢立衛など世界的な建築家の作品があるが、大三島にも伊東豊雄の建築ミュージアムがあり、大島にも隈研吾の来島海峡展望台がある。大三島と伯方島を結ぶ大三島橋が架かる海峡は鼻栗瀬戸と呼ばれる。

⽬ 瀬戸内海国立公園佐田岬

　愛媛県（伊予）の西、九州に向かって延々と延びる岬がある。九州大分県（豊後）佐賀関・高島との間に豊予海峡（速吸瀬戸）をなす佐田岬である。岬の先端には大正時代建造の燈台と要塞跡がある。燈台の風景は人を魅了してやまない。瀬戸内海にはわが国最初のブラントンの燈台がいくつかあるが、そのほかにも大久野島、男木島、姫島、大浜崎、大角鼻、高井神島、蒲生田岬、六島など明治大正の燈台が情趣ある風景をつくりだしている。

⽬ 石鎚国定公園石鎚山　　*名勝、日本百名山

　石鎚山（1,982m）は西日本の最高峰であり、広大な四国山地の主峰である。急峻な山岳で古くからの山岳信仰の霊場である。亜高山帯のシコクシラベ、ダケカンバ、その下部のモミ、ツガ、ブナなどの自然林が見られる。瀬戸内海は温暖で降雨が少ないことで知られているが、瀬戸内海から雪を

頂いた石鎚山をよく見ることができる。1970（昭和45）年開通の石鎚スカイラインの車道は建設当時ずさんな工事で自然破壊が社会問題となった。石鎚山の南麓には仁淀川上流の渓谷美を見せる名勝の面河渓がある。

都 城山公園（しろやま） ＊史跡、重要文化財、日本の都市公園 100 選、日本の歴史公園 100 選

　愛媛県松山市の市街地中心部から一気に山が屹立する。それが勝山（城山）であり、その山頂に本丸が、南西麓に二の丸、次いで三の丸が築かれ、日本三大平山城の偉容が示される。これが松山城であり、築城者加藤嘉明がこの地を「松山」と命名したことにより、松山という名の街が生まれたのである。明治に入り失火により二の丸と三の丸が消失するが、その後の廃城令や失火をくぐり抜け、山頂には今日なお天守がそびえ立っている。廃城令の翌年、1874（明治7）年、本丸一帯は早くも公園として開設されたが、二の丸・三の丸は陸軍の施設となった。

　戦後、1948（昭和23）年に城山（本丸、二の丸）と堀之内（三の丸）を含む全域が歴史公園「城山公園」として計画決定され、堀之内には、53（昭和28）年に開催が決まっていた国体の主会場として、野球場、テニスコート、プール、ラグビーなど各種スポーツ・文化施設が整備されていった。現在、堀之内地区には「やすらぎ広場」（3.25 ha）、「ふれあい広場」（3.32 ha）、「さくら広場」（0.84 ha）などが広がり、市民の憩いの場となるとともに、各種イベントの会場になっている。戦後すぐにこの場につくられた野球場などのスポーツ・文化施設は老朽化が進み、この場での建て替えを望む市民の声もあったが、「史跡松山城跡」の貴重な文化財を保護する観点から、1993（平成5）年、松山市はスポーツ施設の移転を決定した。現在、公園内には、NHK 松山放送局、愛媛県美術館、愛媛県立図書館、松山市民会館などの各種公共施設が集積している。この城山公園もまた多くの城址公園と同様桜の名所であり、花見の時期には花見客で大盛況を呈している。しかし、やはり圧倒的な存在感を示すのは、まさに愛媛ゆかりの俳人正岡子規が詠んだ著名な句「松山や秋より高き天守閣」のとおり、まるで山を天守台にするかのような雄大な本丸の眺めである。

都 南楽園（なんらくえん） ＊日本の都市公園 100 選

　愛媛県の南部、1974（昭和47）年度に始まった南予レクリエーション都

市整備事業が創出した公園の一つ。「レクリエーション都市」とは、70（昭和45）年12月に建設省が決定した整備要綱に基づき、当時全国的に増加していた広域レクリエーション需要の充足を目的に、総合的都市計画により大規模な公園を核として各種レクリエーション施設を配置した一団の地域のことである。愛媛県は南予地方一帯に観光、レクリエーションの大拠点を整備する方針を立て、72（昭和47年）に地方型レクリエーション都市として指定され、整備が進められていった。整備計画は宇和島、津島、御荘・城辺の3地域で構成されており、このうち南楽園は、津島地域の中核施設として85（昭和60）年4月に開設された。造園家伊藤邦衛による大規模な池泉回遊式の庭園様式であり、ダム建設など公共工事で出された大量の石材や残土が再利用されている。

都 道後公園　＊史跡、日本の歴史公園100選

　道後温泉で有名な愛媛県松山市の道後地区にある、湯築城址を基盤とした公園である。近世に伊予国（愛媛）の中心は松山に移るが、それまでは湯築城が政治・軍事・文化の拠点であり続けた。中世の城郭であるこの城は石垣や天守がなく、地形を利用して堀や土塁を巡らせ縄張を構成している。かつて湯築城であった区域約8.5haは、1888（明治21）年に愛媛県立「道後公園」として整備された。現在は住民や観光客が憩いの場として利用する他、桜の名所として多くの花見客が訪れている。公園近くには四国遍路第51番札所や一遍上人縁の宝厳寺、伊佐爾波神社など歴史ある社寺が多く、この地が古来より伊予の中心地であったことがしのばれる。

庭 天赦園　＊名勝

　宇和島市の天赦園は、宇和島藩2代藩主伊達宗利が1672〜76（寛文12〜延宝4）年にかけて、居館として浜御殿を建造したことが起源になっている。江戸末期に7代藩主宗紀は、南殿を造営して隠居したことから、1863（文久3）年に勘定与力の五郎左衛門に命じて庭園築造に着手して、66（慶応2）年に天赦園を完成させた。庭園の面積は12,700㎡と広く、園池が中心になっている。岬や入江などを設けて屈曲の多い汀線にしていて、池辺の要所の石組には和泉砂岩を用いている。

温 泉

地域の特性

　愛媛県は、四国の北西部を占め、北は瀬戸内海、西は佐田岬半島によっ
て豊後水道に面している。地域的に東予、中予、南予に区分されている。
特産のミカンは傾斜地に植えられており、和歌山県に次いで全国2位の生
産量を上げている。また、ブリの養殖では鹿児島県の5万tに次いで3
万tで他県を引き離している。東予地域は四国随一の工業地域を形成して
おり、伊予三島の製紙、パルプ、新居浜の金属、今治のタオルなどが有名
である。

◆旧国名：伊予　県花：ミカンノハナ　県鳥：コマドリ

温泉地の特色

　県内には温泉地が35カ所、源泉総数が200カ所あり、源泉温度は25℃
以下の低温のものが多く60%を占める。湧出量は毎分1万9,000ℓで全国
32位にランクされるが、これには道後温泉に加えて東道後の温泉開発が
影響している。延べ宿泊客数は133万人で全国28位であり、これも道後温
泉一帯の有力な温泉資源のお陰である。県中北部、今治市の瀬戸内海に面
する位置に湯ノ浦国民保養温泉地がある。公園や各種スポーツ施設が整備
され、健康づくりに適した温泉地である。

主な温泉地

① **道後**（どうご）　76万人、21位
　　　　　単純温泉

　県中北部、松山市の市街地北東部の標高約50mの丘陵の麓に、日本最
古の歴史を有する道後温泉がある。道後は有馬、白浜（湯崎）とともに「日
本三古湯」ともいわれ、温泉の歴史にその名をとどめてきた。『伊予国風
土記』には、道後の温泉は豊後国別府から海底を通じて引湯しており、大（おお）

<ruby>己貴命<rt>なむちのみこと</rt></ruby>が重病の<ruby>少彦名命<rt>すくなひこなのみこと</rt></ruby>をこの湯に浸けたところ元気になり、近くの石の上に立ち上がったという。これが玉の石であり、道後温泉本館脇に祀られている。また、聖徳太子が596（法興6）年に僧恵慈と葛城臣を従えて来湯し、温泉の効験を得て伊佐爾波岡（道後公園）の地に温泉碑を建立した。これは我が国最古の金石文であるといわれ、「天には月日が照り、地上では温泉が湧いてあまねく人々に恩恵を与えている。極楽浄土と同じである。人々は入浴をして病を治し、温泉を囲んで椿の花が咲き誇り、鳥はさえずって地上の楽園である。この温泉を大切に守り育てることが根本精神である。」と書かれた。『日本書紀』には、舒明天皇と皇后や中大兄皇子などの温泉行幸の様子が記されており、中世には、豪族の河野氏が伊佐爾波岡に温泉館を設置し、一遍上人は1288（正応元）年に湯釜の宝珠に南無阿弥陀仏の名号を書いた。14世紀前半には、河野通盛が湯築城を築き、四国八十八箇所五十一番札所の石手寺に温泉経営を任せた。

　近世期、1631（寛永8）年に松平定行が入府して、一之湯は武士や僧侶、二之湯は婦人、三之湯はそれ以外の男子の浴槽とし、さらに温泉排水の最下流に牛馬の洗い場があった。大名が入浴するときは貸切湯とし、幕を張った。道後はたびたび大地震に見舞われて温泉が止まった。特に1854（安政元）年には、185日間も温泉が枯れたが、湯之町の町民は神に祈り、94名もの若者が道後と三津浜間2里余りを往復して、必死の「潮垢離」を124日間も続けた。幸いにも温泉が湧出し、温泉祭りの際に湯祈祷が行われる。

　明治維新後、住民は温泉浴場を国から借用し、その経営にあたった。1872（明治5）年、一之湯、二之湯、三之湯を二層楼に改め、3年後には原泉社を組織して愛媛県から温泉の管理と運営を任せられた。1889（明治22）年に道後湯之町が発足、伊佐庭如矢初代町長の尽力のもとに外湯が整備され、1894（明治27）年に本館（神の湯）が三層に改築された。松山中学校の英語教師として滞在し、『坊っちゃん』を世に出した夏目漱石や郷土の俳人正岡子規が入浴した。1899（明治32）年には、特別湯（霊の湯）と御召湯（又新殿：皇室専用浴室）が新設され、現在の道後温泉本館が完成した。道後温泉は長い間、湯量が少ない不利を外湯の温泉本館によって解決してきた。

　第2次世界大戦後、長い間の懸案であった各旅館の内湯化は時の流れで

あり、共同で新規に温泉を掘削して多量の単純温泉が確保された。1994（平成6）年、三層楼の道後温泉本館は温泉施設としては日本初の国の重要文化財に指定された。多くの地元民や温泉利用客の支援のもとに、日本で最高の共同浴場が今なおその威容を保ち、訪問者の心身を癒してくれる。また、市電の道後温泉駅前にからくり時計台のある観光スポットが整備されており、ボランティアのガイドもいる。温泉地に接して1000年の歴史を有する八幡造りの延喜式内伊佐爾波社、一遍上人生誕の宝厳寺、湯釜、坊っちゃん列車や近くの聖武天皇勅願の四国霊場第51番札所の石手寺などを巡るのも楽しい。

交通：JR 予讃線松山駅、バス15分

② 奥道後 （おくどうご） 34万人、70位　硫黄泉

　県中北部、道後温泉から4kmほどの石手川沿いに、かつて湯山七湯とよばれていた温かい湯を活かし、150万㎡の土地に大規模な宿泊施設を核にした総合温泉レジャーランドづくりが行われ、1964（昭和39）年に奥道後温泉が誕生した。毎分3,850ℓもの大量の温泉が自噴し、その一部が各種の温泉浴場や露天風呂に利用されている。亜熱帯植物が茂り、26種類の湯船が配置された大規模なジャングル温泉、ロープウェイ、遊園地などがあり、多くの宿泊客や日帰り客が訪れる。

交通：JR 予讃線松山駅、バス40分

③ 湯ノ浦 （ゆのうら） 国民保養温泉地　放射能泉

　県北部、高縄半島の一角にある温泉地であり、泉温は20℃未満で低く、泉質は放射能泉である。温泉は1873（昭和48）年に開発されたが、瀬戸内海国立公園の白砂青松の海岸にも近く、保養地としての立地条件に恵まれている。その後、1989（平成元）年に18種類の浴槽、トレーニングジム、SPA コースのあるクアハウス今治が完成し、一帯にいまばり湯ノ浦ハイツ、ホテル、パークゴルフ場、総合運動公園遊歩道、展望台、ボブスレー、モノレールカーなどが整備された。1994（平成6）年に国民保養温泉地に指定され、健全な保養温泉地として発展している。

交通：JR 予讃線今治駅、バス30分

④<ruby>鈍川<rt>にぶかわ</rt></ruby>　単純温泉

　県中北部、今治市の南部にある鈍川温泉は、8世紀の奈良時代に起源を
もつ歴史的温泉地である。江戸時代、今治藩主の藤堂高虎が湯治場の開設
に尽力して発展した。明治以降には時代の変化に対処できずに衰退したが、
1921（大正10）年に鈍川村の有志が温泉組合を設立して再生の基礎づく
りをした。第2次世界大戦後、1952（昭和27）年に株式会社鈍川温泉を
設立し、新規温泉の開発、交通条件の整備、旅館施設の充実などを図って
きた。1989（平成元）年に温泉を掘削して地下300mから多量の温泉を確
保し、日帰り温泉施設「せせらぎ交流館」や温泉スタンドなどが整備され
た。鈍川渓谷一帯は四季折々の変化をみせ、春は山菜採り、夏はカジカの
声を聞きながらの森林浴、秋の紅葉めぐり、冬は植林された杉や檜の雪化
粧などを楽しみ、特産のイノブタ料理を味わえる。
交通：JR予讃線今治駅、バス35分

執筆者 / 出典一覧

※参考参照文献は紙面の都合上割愛しましたので各出典をご覧ください

Ⅰ　歴史の文化編

【遺　　跡】　石神裕之　（京都芸術大学歴史遺産学科教授）『47都道府県・遺跡百科』(2018)

【国宝 / 重要文化財】　森本和男　（歴史家）『47都道府県・国宝 / 重要文化財百科』(2018)

【城　　郭】　西ヶ谷恭弘　（日本城郭史学会代表）『47都道府県・城郭百科』(2022)

【戦国大名】　森岡 浩　（姓氏研究家）『47都道府県・戦国大名百科』(2023)

【名門 / 名家】　森岡 浩　（姓氏研究家）『47都道府県・名門 / 名家百科』(2020)

【博物館】　草刈清人　（ミュージアム・フリーター）・可児光生　（美濃加茂市民ミュージアム館長）・坂本 昇　（伊丹市昆虫館館長）・髙田浩二　（元海の中道海洋生態科学館館長）『47都道府県・博物館百科』(2022)

【名　　字】　森岡 浩　（姓氏研究家）『47都道府県・名字百科』(2019)

Ⅱ　食の文化編

【米 / 雑穀】　井上 繁　（日本経済新聞社社友）『47都道府県・米 / 雑穀百科』(2017)

【こなもの】　成瀬宇平　（鎌倉女子大学名誉教授）『47都道府県・こなもの食文化百科』(2012)

【くだもの】　井上 繁　（日本経済新聞社社友）『47都道府県・くだもの百科』(2017)

【魚　　食】　成瀬宇平　（鎌倉女子大学名誉教授）『47都道府県・魚食文化百科』(2011)

【肉　　食】　成瀬宇平　（鎌倉女子大学名誉教授）・横山次郎　（日本農産工業株式会社）『47都道府県・肉食文化百科』(2015)

【地　　鶏】　成瀬宇平　（鎌倉女子大学名誉教授）・横山次郎　（日本農産工業株式会社）『47都道府県・地鶏百科』(2014)

【汁　　物】　野﨑洋光　（元「分とく山」総料理長）・成瀬宇平　（鎌倉女子大学名誉教授）『47都道府県・汁物百科』(2015)

【伝統調味料】　成瀬宇平　（鎌倉女子大学名誉教授）『47都道府県・伝統調味料百科』(2013)

【発　　酵】　北本勝ひこ　（日本薬科大学特任教授）『47都道府県・発酵文化百科』(2021)

【和菓子 / 郷土菓子】	亀井千歩子　（日本地域文化研究所代表）『47都道府県・和菓子 / 郷土菓子百科』(2016)
【乾物 / 干物】	星名桂治　（日本かんぶつ協会シニアアドバイザー）『47都道府県・乾物 / 干物百科』(2017)

Ⅲ　営みの文化編

【伝統行事】	神崎宣武　（民俗学者）『47都道府県・伝統行事百科』(2012)
【寺社信仰】	中山和久　（人間総合科学大学人間科学部教授）『47都道府県・寺社信仰百科』(2017)
【伝統工芸】	関根由子・指田京子・佐々木千雅子　（和くらし・くらぶ）『47都道府県・伝統工芸百科』(2021)
【民　話】	藤井佐美　（尾道市立大学芸術文化学部教授）/ 花部英雄・小堀光夫編『47都道府県・民話百科』(2019)
【妖怪伝承】	大本敬久　（愛媛大学地域協働推進機構准教授）/ 飯倉義之・香川雅信編、常光 徹・小松和彦監修『47都道府県・妖怪伝承百科』(2017) イラスト©東雲騎人
【高校野球】	森岡 浩　（姓氏研究家）『47都道府県・高校野球百科』(2021)
【やきもの】	神崎宣武　（民俗学者）『47都道府県・やきもの百科』(2021)

Ⅳ　風景の文化編

【地名由来】	谷川彰英　（筑波大学名誉教授）『47都道府県・地名由来百科』(2015)
【商店街】	正木久仁　（大阪教育大学名誉教授）/ 正木久仁・杉山伸一編著『47都道府県・商店街百科』(2019)
【花風景】	西田正憲　（奈良県立大学名誉教授）『47都道府県・花風景百科』(2019)
【公園 / 庭園】	西田正憲　（奈良県立大学名誉教授）・飛田範夫　（庭園史研究家）・井原 縁　（奈良県立大学地域創造学部教授）・黒田乃生　（筑波大学芸術系教授）『47都道府県・公園 / 庭園百科』(2017)
【温　泉】	山村順次　（元城西国際大学観光学部教授）『47都道府県・温泉百科』(2015)

索　　　引

あ　行

愛南町の鳥獣類対策	74
相の谷古墳	15
あきたこまち	51
揚げ足鳥	76
アケボノツツジ	159
小豆	53
赤蔵ヶ池	53
足立重信	8
アマカ	65
アマクサ	61
アマダイの麦味噌漬け	70
天野家	36
アワビのはらわたの粕漬け	70
アンコール	62
あん巻き	59
伊方町町見郷土館	42
生名	145
いしづち牛	72
石槌黒茶	91
石鎚国定公園石鎚山	161
石鎚山	145
石槌山お山参り	105
石手寺二王門	4
いずみや	91
伊曽乃神社	109
いたずらカワウソ	124
頂き鉢	95
イチゴ	65
イチジク	64
一六タルト	95
井門（いど／名字）	46
犬の足	122
亥の子節供の亥の子餅	97
今岡氏	30
今城氏	30
今治	146
今治市	3
今治市村上海賊ミュージアム	41
今治城	24
今治タオル	5
今治西高	133

今治南高	133
今治焼き鳥	6, 75
いもたき	74, 83
伊予かすり	118
伊予カン	61
伊予柑マフィン	66
伊予牛絹	72
伊予さつま	91
伊予路しゃも	77
いよずし	68
伊予総領	7
伊予麦酒牛	72
牛鬼	127
薄墨羊羹	97
内子座	5
内子町観光農園	66
内子和ろうそく	116
宇都宮氏	30
祖母井（うばがい／名字）	48
馬越（名字）	47
海坊主	127
ウメ	64
うるち米	51
宇和米博物館	54
うわじま牛鬼まつり	105
宇和島蒲鉾	69
宇和島県	9
宇和島市	3
宇和島城	24
宇和島市立伊達博物館	42
宇和島鯛めし	54
宇和島の牛鬼	5
宇和島東高	133
永納山城	25
エイの骨蒸し	69
海老ちりめん	101
えひめ	9
愛媛甘とろ豚	73
愛媛県総合科学博物館	40
愛媛県立とべ動物園	40
愛媛県歴史文化博物館	39
愛媛大学農学部生命機能学科	92
愛媛大学ミュージアム	41
衛門三郎と弘法大師	122

エンコ	128
エン麦	52
オウゴンカン	62
大街道	151
大下田窯跡	17
大洲市	3
大洲城	25
大洲城下町	5
大洲和紙	116
大谷池	54
大祝氏	30
大人	128
大森彦七と鬼女	123
大山祇神社の祭礼	105
大山祇神社祭	105
大山祇神社所蔵の国宝群	3
大山祇神社抜穂祭	55
奥伊予地鶏	77
奥平家	36
奥道後	166
越智氏	46
お供馬の走りこみ	55
おなぐさみ	96
面河山岳博物館	42

か　行

海賊そうめん	69
海賊めし	69
戒能氏	30
カキ	64
カタクチイワシ料理	69
カツオ・焼きサノの甘酢漬け	69
河童	128
加藤家（大洲藩主）	36
加藤家（新谷藩）	36
金ヶ崎遺跡	13
金子氏	31
カボス	63
上黒岩岩陰遺跡	14
加茂神社	110
かやの餅	96
カラ	62
唐子台遺跡群	15
カワチバンカン	61

川之江高	133	
川之江栄町商店街	152	
川之江城	26	
岩石卵	76	
寒採れひじき	102	
カンペイ	64	
キウイ	61	
菊間瓦	117	
きさいやロード	154	
来住廃寺跡	16	
キビ	52	
旧久万町の正月行事「頂き鉢」	95	
牛肉100%のハンバーグ	72	
清見	61	
禽獣葡萄鏡	19	
銀天街	151	
ギンナン	63	
草もち	57	
串焼き	72	
忽那（くつな／名字）	47	
忽那氏	31	
首なし馬	129	
クリ	63	
栗ずし	66	
来島氏	31	
来島城	27	
クレナイモチ	51	
黒川氏	31	
黒滝神社	109	
鶏卵饅頭	58, 77, 97	
月窓餅	58, 97	
濃口醤油＋オリーブ油	86	
高昌寺	111	
河野氏	8, 32, 35, 46	
こうら焼き	69	
五月節供の「しっぱり餅」と「かやの餅」	96	
御更衣祭	105	
五色そうめん	59	
コシヒカリ	51	
コスモス	158	
古照遺跡	16	
五斗味噌汁	83	
小麦	52	
鷹田神社	109	

さ 行

西園寺（名字）	47	
西園寺氏	32	
西条高	134	

西条市	3	
済美高	134	
サクラ	155	
桜井漆器	118	
篠山のアケボノツツジ	159	
佐田岬	161	
佐田岬半島	2	
さつま汁	83, 88	
実盛送り	55	
サバ・アジの洗い	69	
ざんぎ	76	
子規記念博物館	41	
志ぐれ	98	
重見氏	33	
四国カルスト	5	
四国ジビエ連携	74	
四国に狐が住まぬわけ	124	
しし鍋	82	
しずく媛	52	
しっぱり餅	96	
柴田のモナカ	97	
しまなみ海道	9, 161	
シャクヤク	158	
じゃこ天	6	
乗禅寺石塔	20	
醸造用米	52	
焼酎	91	
醤油	80, 86, 90	
しょうゆ餅	92, 94	
食塩	80, 86	
食酢	87	
不知火	62	
城山公園	162	
新穀祭	105	
スイカ	64	
水軍の母・和気姫	123	
翠波高原のナノハナとコスモス	158	
須賀神社御頭祭	92	
すす掃き雑煮	82	
則（すなわち／地名）	146	
スモモ	64	
素焼き	70	
須佐（名字）	47	
世界食文化博物館	92	
石花汁（せっか汁）	83	
セトカ	61	
瀬戸の海坊主	125	
せんざんぎ	76	
ソース	87	
そば	53	

た 行

大蛇	129	
大豆	53	
鯛そうめん	6	
タイの骨蒸し	69	
大宝寺	111	
鯛めし	6, 54, 92	
たいめん	69	
鯛めんの姿身	59	
高月家	36	
瀧姫神社	111	
タコめし	55	
祟り神	129	
伊達家（宇和島藩主）	37	
伊達家（吉田藩主）	37	
伊達宗城	9	
狸	130	
タノモサンの「とりつけ団子」	96	
タマミ	62	
タルト	58, 76, 93	
竹林院氏	33	
づがにのほっかけ	82	
ツツジ	157	
帝京五高	134	
手打ちうどん	59	
鉄板焼き	72	
天狗	130	
天赦園	163	
天赦園のフジ	156	
土居氏	33	
道後温泉	4, 146, 164	
道後温泉商店街	152	
道後温泉本館	21	
道後温泉祭	107	
道後公園	163	
道後地鶏	77	
道前道後用水	53	
唐饅頭	98	
通谷池	53	
常盤町商店街	153	
徳正寺	110	
トッポ話	121	
砥部焼	115, 139	
冨士山公園のツツジ	157	
とりつけ団子	57, 96	
どろんこ祭り	55	

な 行

ナシ	64	

ナツミ	62	ヒメノツキ	65
ナツミカン	65	ヒュウガナツ	63
ナノハナ	158	ひゅうがめし	54
ナマズがゆ	83	平城貝塚	14
南楽園	162	ビワ	63
南楽園のハナショウブ	157	フカの切身の辛子味噌和え	
新居浜市	3		69
新居浜市（高）	134	フジ	156
熟田津	7	藤原純友の乱	7
にこまる	51	二神（名字）	47
西ノ岡焼	141	二神氏	33
二重巻き	76	ブドウ	64
新田高	135	船越和気比売神社	110
鈍川	167	鯏田家	38
煮干し	99	船幽霊	131
日本酒	90	ブラッドオレンジ	65
日本ナシ	64	ブルーベリー	64
ネーブルオレンジ	63	ふれ愛・媛ポーク	73
練りもち	57	文京遺跡	14
能島城	27	ブンタン	63
ノツゴ	131	別宮家	38
のびあがり・高坊主	131	別子銅山	5
		別子銅山記念館	41
は 行		紅まどんな	64
俳句	5	ヘルシー牛	72
芳我家	37	返脚（名字）	48
伯方の塩	6, 80, 87	ほうろく焼き	59
萩森氏	33	母恵夢	77
白菜と金柑のサラダ	65	宝ヶ口遺跡	13
波止浜塩田	9	法華津（ほけつ／名字）	47
はだか麦	52	法華津氏	33
八幡神社	113	星加のゆべし	97
ハッサク	63	ほたれ	69
ハナショウブ	157	坊っちゃん団子	97
浜千鶏	78	ポポー	65
バラ	158	堀江新池	54
ハルカ	62	ほろほろ鳥料理	74
ハルミ	62	ポンカン	61
ハレヒメ	62		
東野焼	140	**ま 行**	
久松家	37, 38	マイントピア別子のシャク	
ひしお	86	ヤク	158
一柳家	38	正岡（名字）	48
雛節供の菓子と「おなぐさ		正岡氏	34
み」	96	マツ	4
緋の蕪漬け	87, 91	松平家	38
ヒノヒカリ	51	松山北高	135
日振島	147	松山県	9
媛そだち	78	松山市	2
媛っこ地鶏	74, 77	松山市考古館	41
媛っ子みかんたまご	78	松山商（高）	135

松山城	4, 20, 27
松山城のサクラ	155
松山市立子規記念博物館	41
松山ずし	69
松山聖陵高	135
松山タルト	94
松山藩	9
松山東高	136
マリヒメ	65
三瓶	147
ミカン	4, 60, 159
みかん酢	87
ミカンだんご	66
みかん餅	66
三崎八幡神社	112
三嶋神社どろんこ祭	106
御荘（みしょう／名字）	48
御荘氏	34
御荘焼	141
味噌	80, 86, 90
三滝神社	112
南宇和高	136
妙見山古墳	16
虫送り	55
村上氏	8, 34
村上海賊	8
村上海賊ミュージアム	41
目黒山形関係資料	19
めぶとのだんご汁	82
メロン	65
綿実油	87
麦鳥（めんどり／名字）	48
木蝋資料館上芳我邸	42
もち米	51
桃	64
モロ	65
モロコシ	53
や 行	
焼豚玉子飯	73, 76
薬師神（名字）	48
柳瀬焼	140
山里柿	97
山田屋まんじゅう	97
八幡浜高	136
八幡浜市	3
幽霊和尚（子育て幽霊）	121
ユズ	63
湯築城	28
湯築城跡	17
ゆでもち	57

湯ノ浦　166
よしうみバラ公園のバラ
　158
与州新居系図　19
夜雀　131

ら　行

ライム　65
リンゴ　64
りんまん　58
レモン　62

レモンリキュール（リモン
　チェッロ）　91

わ　行

渡辺氏　34

47都道府県ご当地文化百科・愛媛県

令和6年10月30日　　発　行

編　者　　丸　善　出　版

発行者　　池　田　和　博

発行所　　丸善出版株式会社

〒101-0051 東京都千代田区神田神保町二丁目17番
編集：電話 (03)3512-3264 ／ FAX (03)3512-3272
営業：電話 (03)3512-3256 ／ FAX (03)3512-3270
https://www.maruzen-publishing.co.jp

組版印刷・富士美術印刷株式会社／製本・株式会社 松岳社

ISBN 978-4-621-30961-2　　C 0525　　　　　　　　Printed in Japan

【好評既刊 ◉ 47都道府県百科シリーズ】

（定価：本体価格3800〜4400円＋税）

47都道府県・**伝統食百科**……その地ならではの伝統料理を具体的に解説
47都道府県・**地野菜/伝統野菜百科**……その地特有の野菜から食べ方まで
47都道府県・**魚食文化百科**……魚介類から加工品、魚料理まで一挙に紹介
47都道府県・**伝統行事百科**……新鮮味ある切り口で主要伝統行事を平易解説
47都道府県・**こなもの食文化百科**……加工方法、食べ方、歴史を興味深く解説
47都道府県・**伝統調味料百科**……各地の伝統的な味付けや調味料、素材を紹介
47都道府県・**地鶏百科**……各地の地鶏・銘柄鳥・卵や美味い料理を紹介
47都道府県・**肉食文化百科**……古来から愛された肉食の歴史・文化を解説
47都道府県・**地名由来百科**……興味をそそる地名の由来が盛りだくさん！
47都道府県・**汁物百科**……ご当地ならではの滋味の話題が満載！
47都道府県・**温泉百科**……立地・歴史・観光・先人の足跡などを紹介
47都道府県・**和菓子/郷土菓子百科**……地元にちなんだお菓子がわかる
47都道府県・**乾物/干物百科**……乾物の種類、作り方から食べ方まで
47都道府県・**寺社信仰百科**……ユニークな寺社や信仰を具体的に解説
47都道府県・**くだもの百科**……地域性あふれる名産・特産の果物を紹介
47都道府県・**公園/庭園百科**……自然が生んだ快適野外空間340事例を紹介
47都道府県・**妖怪伝承百科**……地元の人の心に根付く妖怪伝承とはなにか
47都道府県・**米/雑穀百科**……地元こだわりの美味しいお米・雑穀がわかる
47都道府県・**遺跡百科**……原始〜近・現代まで全国の遺跡＆遺物を通観
47都道府県・**国宝/重要文化財百科**……近代的美術観・審美眼の粋を知る！
47都道府県・**花風景百科**……花に癒される、全国花物語350事例！
47都道府県・**名字百科**……NHK「日本人のおなまえっ！」解説者の意欲作
47都道府県・**商店街百科**……全国の魅力的な商店街を紹介
47都道府県・**民話百科**……昔話、伝説、世間話…語り継がれた話が読める
47都道府県・**名門/名家百科**……都道府県ごとに名門/名家を徹底解説
47都道府県・**やきもの百科**……やきもの大国の地域性を民俗学的見地で解説
47都道府県・**発酵文化百科**……風土ごとの多様な発酵文化・発酵食品を解説
47都道府県・**高校野球百科**……高校野球の基礎知識と強豪校を徹底解説
47都道府県・**伝統工芸百科**……現代に活きる伝統工芸を歴史とともに紹介
47都道府県・**城下町百科**……全国各地の城下町の歴史と魅力を解説
47都道府県・**博物館百科**……モノ＆コトが詰まった博物館を厳選
47都道府県・**城郭百科**……お城から見るあなたの県の特色
47都道府県・**戦国大名百科**……群雄割拠した戦国大名・国衆を徹底解説
47都道府県・**産業遺産百科**……保存と活用の歴史を解説。探訪にも役立つ
47都道府県・**民俗芸能百科**……各地で現存し輝き続ける民俗芸能がわかる
47都道府県・**大相撲力士百科**……古今東西の幕内力士の郷里や魅力を紹介
47都道府県・**老舗百科**……長寿の秘訣、歴史や経営理念を紹介
47都道府県・**地質景観/ジオサイト百科**……ユニークな地質景観の謎を解く
47都道府県・**文学の偉人百科**……主要文学者が総覧できるユニークなガイド